인문학시민강좌 08

동아시아 고전 산책

인하대학교 한국학연구소 편

이 책은 2007년 정부(교육과학기술부)의 재원으로 한국연구재단의 지원을 받아 수행된 연구임(KRF-2007-361-AM0013)

인하대학교 한국학연구소는 1986년 설립된 이래 어학, 문학, 역사, 철학, 종교, 문화를 중심으로 한국학의 제반 학문분야에 대한 연구를 꾸준히 수행해 왔습니다. 특히 2007년부터는 '동아시아 상생과 소통의 한국학(Koreanology for East-Asia Community)'이라는 아젠다(Agenda)를 가지고 공동연구를 진행하고 있습니다. 우리 연구소는 이러한 아젠다를 인천지역 시민과 소통하기 위해 연구소의 연구역량을 모아 2009년 하반기부터 〈인천시민인문학강좌〉를 개설·운영하고 있습니다. 본 강좌는 우리 연구진의 비판적 문제의식을 제시하고 시민과 함께 호흡하면서 인문학의 사회적 소통을 도모하고자 기획한 것입니다.

이번에 내놓는 〈인문학시민강좌 08〉은 2011년 11~12월에 진행한 〈인천시민인문학강좌〉 "동아시아 고전古典의 산책"의 성과를 묶은 것입니다. 이 강의는 한국, 중국, 일본의 동아시아 3국의 대표적인 사상과 유교 불교 경전을 망라한 고전들을 오랜 동안 연구해온 전문 연구자들이 알기 쉽게 설명하여 큰 호응을 얻었습니다. 이 책은 강의의 성과를 정리하여 현대인들에게 여전히 유용한 동아시아의 인문 고전의 진수를 맛보며 산책할 수 있도록 모아 놓은 것입니다. 사마천의 『사기』, 불교 경전, 율곡과 다산, 연암의 저술과 강유위의 『대동서』 등에 이르는 동아시아의 다양한 고전을 알기 쉽게 풀어낸 저자들의 해설을 통해 시간을 이겨낸 인간과 사회에 대한 빛나는 지혜들을 만날 수 있습니다.

　강좌뿐 아니라 이 책의 기획과 간행의 모든 과정은 본 연구소의 임학성·정종현 두 분의 교수가 맡았으며, 강좌가 성공적으로 개설·진행된 데에는 인천광역시립박물관의 적극적인 협력이 없었으면 불가능했습니다. 특히 강좌 진행을 위해 애써준 본 연구소의 송지영·박진서 연구원, 인천광역시립박물관의 신은영 학예연구사께도 감사의 말씀을 전합니다.

　또한, 어려운 출판 상황에서도 인문학 발전에 기여코자 하는 일념으로 꾸준히 〈인문학시민강좌〉를 출판해 주는 글로벌콘텐츠 홍정표 대표이사님과 편집팀에게도 감사를 드립니다.

　모쪼록, 이번 교양총서가 동아시아 고전의 소중한 의미를 살펴보는 데 일조할 수 있기를 기대합니다.

2017년 8월

인하대학교 한국학연구소

소장 이봉규

contents

유쾌한 북학의 길,
『열하일기』

김영

연세대 및 동 대학원에서 한국문학을 공부하고 문학박사학위를 취득했다. 1992년부터 현재까지 인하대 국어교육과 교수로 재직 중이다. 북경대학과 런던대학에서 각 1년간 방문교수를 지냈고, 인하대 사범대학 학장과 교육대학원장을 역임하였으며, 민족문학사연구소 대표와 한국한문학회 회장으로 일했다. 지은 책으로는『한국한문학의 현재적 의미』, 『망양록연구』, 『네티즌과 함께 가는 우언산책』, 『김영 교수의 영국문화기행』, 『인문학을 위한 한문강의』, 『논어』등이 있다.

유쾌한 북학의 길, 『열하일기』

1. 열린 선비, 박지원

　우리에게 「양반전兩班傳」과 「허생전許生傳」의 작가로 널리 알려진 연암燕巖 박지원朴趾源(1737~1805)은 조선 후기의 변화하는 사회현실과 인간 군상들을 탁월하게 형상화한 작가일 뿐만 아니라 이용후생학을 주창한 실학자이기도 하다.

　연암은 서울의 유명한 노론계 가문에서 태어나 입신출세를 할 수 있는 처지에 있었음에도 불구하고 일찍이 과거의 길을 포기하고 당시의 피폐한 조선 현실을 광정匡正할 수 있는 실학의 탐구와 문필생활에 전력하였다. 그는 이러한 사정을 훗날 서울의 도시적 분위기에서 자랐기 때문에 눈으로 콩과 보리를 구별할 수 없을 정도로 농사에 어두워 벼루를 밭 삼아 붓으로 가는 연전필경硯田筆耕의 문필생활을 하게 되었다고 술회한 적이 있다. 이렇게 해서 이루어진 연암의 문학은 다산茶山 정약용丁若鏞의 시와 더불어 실학파 문학을 대표한다고 할 수 있다. 연암은 문학을 하되 옛 글을 그대로 답습하거나 중국의 전범을 따르지 않고 당시의 조선 현실에 맞는 문학을 주창하면서 탁월한 문필력으로 자유분방한 창작활동을 하였다. 그는 과거의 문학유산을 계승하되 결코 거기에만 머물러서는 안 되며 새로운 시대에는 거기에 걸맞은 현실과 내용을 갖춘 새로운 문학이 창조되어야 한다는 법고창신法古創新의 문학관을 가지고 있었다. 당시에는 글 쓰는 사람들은 그 글이 중국의 글과 얼마나 유사한가를 가지고 글의 우열을 논하는 경향이 있었는데 연암은 이러한 풍조에 대해서 아주 비판적이었으며, 이래서는 참된 문학이 나올 수 없다고 생각했다.

이러한 그의 입장은 이덕무의 시를 논하는 다음의 글에서 잘 드러나고 있다.

지금 이덕무는 조선 사람이다. 산천과 기후와 지리적 조건이 중국과 다르고 언어와 본래풍속의 시대적 배경이 한(漢)·당(唐)의 시대가 아니다. 만일 중국의 수법을 본받고 한·당의 문체를 도습한다면 나는 다만 그 수법이 높으면 높을수록 의취는 비루하게 되고 그

문체가 비슷하면 할수록 그 언어는 거짓이 됨을 볼 뿐이다.

- 「영처고서(嬰處稿序)」

조선 사람이 지금 이곳의 현실을 외면하고 옛 중국의 글을 모방해서는 사람을 감동시킬 수 있는 참된 문학이 나오기 어렵다는 것이다. 참된 문학은 눈앞에 벌어지고 있는 진실을 그릴 때 나오는 것이며 먼 옛일을 추상적으로 표현해서는 이루기 힘든 것이다. 연암의 이러한 주체적이고 사실주의적인 문학정신을 그의 「전가田家」라는 한시에서 핍진하게 드러나고 있다.

늙은 첨지 새 쫓느라 남녘 뚝에 앉았는데
개 꼬리 같은 조 이삭에 노란 참새 매달렸네
큰머슴아 중머슴아 모두 다 들일 가니
농삿집 온종일 낮에도 문 닫혔네
솔개가 병아리는 채려다가 빗나가니
호박꽃 핀 울타리에 뭇 닭들이 꼬꼬댁 꼬꼬댁
젊은 아낙네 광주리 이고 시내를 건너려는데
어린아이 누렁이가 줄지어 뒤따르네

翁老守雀坐南陂　　　粟拖狗尾黃雀垂

長男中男皆出田　　田家盡日晝掩扉

鳶蹴鷄兒攫不得　　群鷄亂啼匏花籬

小婦戴棬疑渡溪　　赤子黃犬相追隨

　농삿집의 가을 풍경을 사실적으로 보여주고 있는 작품이다. 연암은 가을 들녘의 풍경과 농삿집의 정경을 그림처럼 묘사하면서, 병아리를 계아鷄兒라고 한다든지 누렁이를 황견黃犬이라고 표현하는 등 정감 있고 토속적인 시어를 구사함으로써 당시의 조선 현실을 실감나게 그려내고 있다.

　연암은 이러한 문학정신을 가지고 수많은 작품들을 남겼다. 서른 이전에 지은 작품으로는 상하의 봉건윤리를 대체하여 새로운 우정의 윤리를 모색하는 「마장전馬駔傳」「예덕선생전穢德先生傳」, 몰락양반의 실태와 신흥부자의 상승을 보여주는 「양반전」, 당시 시정 주변에서 유협으로 활약하던 인물을 입전한 「광문자전廣文者傳」 등이 있고, 사상이 원숙하던 40대 중반에 지은 작품으로는 『열하일기熱河日記』에 실려 있는 「허생전」과 「호질虎叱」이 있다. 이밖에도 연암은 위의 「전가」 같이 뛰어난 수준을 보여주는 한시 40여수를 남겼고 수많은 산문 명품들을 남겼다.

2. 북학의 길

자유분방한 문인 기질과 강렬한 문제해결의지를 가졌던 연암은 당시 양반관료체제의 고루하고 답답한 사회현실에 도저히 만족할 수가 없었다. 명분론에만 사로잡혀 문제적인 현실을 제대로 직시하지 못하는 위정자들과, 세상을 변화하고 있는데도 불구하고 하나의 형이상학적인 관념체계에 사로잡혀 있던 성리학자들에 대해서 매우 비판적인 입장을 견지하였다.

그래서 그는 당시의 이러한 풍토를 바로잡고 낙후된 조선 현실을 개혁할 뜻있는 동지들을 규합하였는데, 홍대용洪大容·이서구李書九·이덕무李德懋·박제가朴齊家·유득공柳得恭·정철조鄭喆祚 등이 그들이다. 연암은 오늘날 파고다공원이 있는 자리인 백탑白塔 주위에 모여 살던 이들 북학파北學派 동지들과의 활발한 토론과 친밀한 교류를 통해 그의 사상과 문학세계를 심화시켜갔다. 같은 뜻을 가진 북학파 학자들 간의 만남은 창조적인 것이었으며 매우 활기를 띠고 있었다. 이러한 활발한 지적 분위기는 다음과 같은 박제가의 글에서 살펴볼 수 있다.

지난 무자(戊子)·기축(己丑) 연간에 내 나이 18·9세 때 박지원

선생이 문장에 뛰어나 당세의 명성을 얻고 있다는 말을 듣고 드디어 탑의 북쪽에 사는 그의 집을 방문했다. … 이때에 형암 이덕무의 사립문이 북쪽에 대해 있고 낙서 이서구의 다락은 서쪽에 솟아 있으며 수십 보를 더 가면 서상수(徐常修)의 서루가 있고 또 꺾어서 북동쪽으로 가면 유금 유득공의 거처가 있다. 내가 곧 가면 돌아올 줄을 모르고 열흘이고 한 달이고 시문 척독(尺牘) 지어 문득 한 질을 이루었는데 주식(酒食)을 즐기면서 밤을 지새우곤 하였다.

-「백탑청연집서(白塔淸緣集序)」

연암은 이들과의 문학적·사상적 교류를 통해 조선의 낙후한 현실을 타개하기 위한 방안을 강구하는 한편 활발한 문필활동을 전개하였다. 이들은 당시의 낙후된 조선 현실을 개혁하기 위해서는 우선 비현실적인 명분론인 북벌론北伐論을 접어두고 청조의 발달한 문물을 배울 것을 주장하였다.

대개 천하를 위하여 일하는 자는 진실로 인민에게 이롭고 나라에 도움이 될 일이라면 그 법이 비록 오랑캐에게서 나온 것일지라도 이를 거두어서 본받으려 하거늘 하물며 삼대(三代) 이후의 성제(聖帝) 명왕(明王)과 한(漢)·당(唐)·송(宋)·명(明) 등 여러 나라의 고유한 것임에랴. … 그러므로 이제 사람들이 진실로 오랑캐를 물리치려면 중화의 기친 법을 모조리 배워서 먼저 우리나라의 유치한 문화를 변화시켜 밭갈이·누에치기·그릇굽기·풀무불기 등으로부터 공업·상업 등에 이르기까지도 배우지 않음이 없으며, 남이 열을 한다면 우리는 백을 하여 먼저 우리 인민들에게 이롭게 한 다음에 그들로 하여금 회초리를 마련해두었다가 저들의 굳은 갑옷과 날카로운 무기를 매질할 수 있도록 한 연후에야 중국에는 아무런 볼 만한 것이 없다라고 할 수 있을 것이다.

－「일신수필(馹迅隨筆)」

「북학의서北學議序」에서 모르는 것이 있으면 길 가는 사람이나 어린아이에게도 물어보는 것이 학문의 도리라고 말한 바 있는 연암은 비록 만주족이 세운 청나라이지만 그 문물과 제도는 삼대 이래 중국의 것으로 선진문물이기 때문에 부지런히 배워야 된다고 생각했다. 만약 이러한 선진문물을 배우지 않는다면 개인은 우물 안의 개구리고 전락하게 되고 사회는 고루하고 답답한 지경에 머물고 만다고 경고하였다.

연암은 이와 같이 당시의 현실을 타개하고 참된 학문을 하는 데는 무엇보다도 선비들의 역할이 중요하다고 생각했다. 선비가 올바른 공부를 하면 그 혜택이 사해에 미치고 그 공덕이 만세에 드리우지만, 선비가 실천적 학문을 하지 않으면 농사꾼·공장이·장사꾼이 모두 실업失業하게 되는 결과를 빚는다고 하였다. 그러므로 모름지기 선비는 인민을 이롭게 하고 만물에 혜택을 줄 수 있는 실학實學을 탐구하여야 한다고 하였다. 이것은 당시의 역사적 과제를 해결하려는 지식인의 자기각성이라 할 만한 것으로 근대 지향적인 성격을 띤 것이라고 평가할 수 있을 것이다.

연암은 이러한 문제의식을 가지고 당시의 피폐한 현실을 광정하기 위해서는 우선 중국의 발달한 문물을 배워야 하며, 그것을 우리 현실에 맞게 수용할 필요가 있다고 생각했다. 그는 이와 같은 생각을 가진 북학北學의 동지들과 더불어 청나라의 발달한 문물제도를 연구하는 한편 직접 중국을 방문하여 선진문화를 호흡할 수 있기를 기대하였다. 연암이 44세 되던 1780년 6월부터 8월까지 신의주, 심양, 산해관, 북경, 열하에 이르는 중국여행의 기회가 왔다. 그의 삼종형 되는 정사正使 박명원朴明源의 수행원으로 청나라 고종 건륭황제의 70세 생일을 축하하러 가는 사절단의 일원으로 중국에 가게 되었다. 그는 발달한 청나라의 문물을 배워 낙후한 조선 현실을 개혁해야겠다는 뚜렷한 사명감을 가지고 중궁의 심양·산해관·북경·열하 등지를 여행하면서 보고 듣고 체험하고 느낀 것을 어느 것 하나 빠뜨리지 않고 기록하고 있는데, 그것이 저 유명한 『열하일기』이다. 그래서 연암은 『열하일기』에서 중국의 자연과 지리뿐만 아니라 이용후

〈사진 1〉 산해관

생의 관점에서 바라본 중국의 정치·경제적 현실과 발달한
과학문명의 실상을 기록하고 있고, 아울러 그가 중국 인사
들과 나눈 대화와 토론 내용, 그리고 자신의 느낌과 조선
현실에 대한 개혁구상 등을 웅혼하고 다채로운 필치로 서
술하였다.

3. 주체적 세계인식과 『열하일기』

연암이 중국에 갔던 18세기 후반은 건륭황제乾隆皇帝의 치세가 계속 되던 시기였다. 청나라가 대륙을 평정해 다스린 지 100여년이나 지나 번영과 평화를 누리던 때였다. 연암은 설레는 마음과 천하대세를 전망하겠다는 야심을 가지고 중국 땅에 들어가 그곳의 주거·성곽·도로·수레제도 및 생산 도구 등을 부지런히 관찰하여 상세하게 기록하였다.

『열하일기』의 전반부에는 중국의 기술문명과 문물제도에 대한 세밀한 조사보도 및 그것의 현실적용 방안에 대한 논설이 많이 실려 있다. 그는 먼저 유통경제의 근간이 되는 도로와 운송수단에 대해 관심을 기울였다. 우리나라는 길이 잘 닦여 있지 않고 수레가 운행되지 않아 모든 재화가 잘 유통되지 않고, 자급자족의 경제수준에 머무르고 있다고 개탄하여 관찰하여 다음과 같이 기록하고 있다.

이제 천릿길을 오면서 날마다 수없이 많은 수레를 보았으나 앞 수레와 뒤 수레가 언제나 한 자국을 도는 것이다. 그러므로 애쓰지 않고도 같이 되는 것을 일철(一轍)이라 하고 뒤에서 앞을 가리켜 전철(前轍)이라고 한다. 성(城)문턱 수레바퀴 자국이 움푹 패어서 홈통을 이루니 이는 이른바 성문지궤라 한다. 우리나라에도 전혀 수레가 없는 것은 아니지만 그 바퀴가 온전히 둥글지 못하고 바퀴자국이 틀에 들지 않으니 이는 수레가 없는 것이나 마찬가지이다. 그런데 사람들이 늘 하는 말에, "우리나라는 길이 험하여 수레를 쓸 수 없다"고 하니 이 무슨 말인가. 나라에서 수레를 쓰지 않으니 길이 닦이지 않을 뿐이다. 만일 수레가 다니게 된다면 길은 저절로 닦이게 될 테니 어찌하여 길거리의 좁음과 산길의 험준함을 걱정하리요.

－「거제(車制)」

우리나라 사람들의 편리한 생활과 원활한 경제활동을 위해서 우선 유통경제를 활성화시켜야 하며 그러기 위해서는 도로를 정비하고 수레를 사용해야 한다는 것이다. 연암은 이러한 문제를 『열하일기』 후반부에 실린 걸작 「허생전」에서도 다루고 있는데, 거기에서 그는 우리 조선은 배가 외국으로 운행하지 않고 수레가 나라 안에 잘 다니지 않는 까닭에 백 가지 물화物貨가 그곳에서 생산되어 그곳에서 소비되는 현실이라고 하면서 그래서 매점매석買占賣惜이 횡행할 수 있음을 풍자적으로 보여주고 있다.

이와 같이 연암은 중국의 문물과 제도를 볼 때마다 그것을 조선 현실에 어떻게 응용할 수 있을까 하는 문제의식을 늘 염두에 두었고, 그래서 새롭고 신기한 기술문명에 대한 상세한 관찰 기록과 함께 그것을 조선 현실에 적용할 수 있는 방안도 틈나는 대로 『열하일기』에 마련해두고 있다.

연암은 『열하일기』에서 이와 같이 중국의 발달한 문물에 대한 견문만 피력하고 있는 것은 아니다. 이런 물질문명에 대한 관심 못지않게 중국의 지식인과 민중들은 무슨 생각을 하고 있고 어떻게 살아가고 있는가하는, 역사를 움직이는 인물에 대한 관심이 더욱 컸다. 그래서 연암은 될 수 있으면 중국의 여러 선비들과 만나 필담으로 이야기를 나누려고 하였고, 민중들의 동향에도 예민한 관심을 표명하였다.

연암이 열하 체류 중 매일 만나다시피 하면서 대화를 나눈 사람 중에는 왕민호王民皥·윤가전尹嘉銓·추사시鄒舍是 같은 지식인이 있었다. 연암이 그들과 나눈 대화의 내용은 중국의 고금 음악과 역대 치란治亂 등을 중심으로 한 광범위한 주제에 걸쳐 있었다. 연암은 이러한 학문적 대화를 통해서 무엇보다도 당시 청조 학계에 주자학에 대한 비판과 고증 학풍이 성행하는 사실에 각별히 주목하고 있다. 그래서 그는 「황교문답黃敎問答」의 서두에서 당시 중국의 학풍을 매도하는 추사시의 발언을 소개하고 있다. 즉 당시의 학자들은 이기理氣니 성명性命이니 하는 따위의 강론만 할 뿐 실사와 실무에는 전혀 무능한 이학理學 선생이거나 케케묵고 고루하기 짝이 없는 도학道學 군자로 특이한 학설을 내세우며 남의 학설이나 공격하는 데 세월을 보내는 자들이라는 것이다. 따라서 추사시는 "오늘날의 유자들이야말로 대단히 두려운 존재랍니다. 무섭고말고요. 저는 평생 동안 유학을 배우고 싶지 않습니다."라는 극언까지 하였다. 그런데 비해 추사시를 데려온 왕민호의 주자학 비판은 보다 학문적인 논리를 갖는 것이었다. 그는 먼저 주자가 경전을 해석함에 있어 고경古經을 의심하고 고증에 불철저하였다고 비판한다. 예컨대 주자는 『시전詩傳』에서 『시경詩經』의 「정풍鄭風」 「위풍衛風」이 모두 음란한 시라고 간주하고 있는데, 이것은 공자가 말한 '방정성放鄭聲'의 의미가 가사의 내용을 가리키는 것이 아니라 정나라 음악을 금하라는 것인데도 이를 주자가 잘못 이해한 데서 비롯된 것이라고 지적하고 있다.

한편 『열하일기』 중 「피서록避暑錄」 「앙엽기盎葉記」 「동란섭필銅蘭涉筆」 같은 글에는 청조 문예관이 집중적으로 드러나 있다. 우리나라와 중국 간의 역대 문학교류에 관한 것으로 최치원崔致遠·이제현李齊賢·김상헌金尙憲 등 중국 쪽에 알려진 우리나라 문인들의 시와 아울러 소동파蘇東坡 등 중국인이 조선과 관련하여 지은 시를 그에 얽힌 일화와 함께 소개하고 있다. 이 가운데서 특히 주목되는 것은 『전당시全唐詩』 『명시종明詩綜』 등 청조에 들어와 간행된 시선집 중 조선과 관련되는 내용상의 오류를 연암이 시정하고자 노력하고 있다는 점이다. 이것은 물론 그의 실사구시적인 학문자세와 관련이 있는 것이겠지만, 중국 사람들에게 올바른 조선관을 심어주려는 그의 주체적인 세계관의 자연스런 표출이라고 할 수 있다. 그래서 그는 국내의 유득공·이덕무·나걸羅杰

의 시들을 중국에 알리는 한편 반정균潘庭筠·곽집환郭執桓 등 연암 자신과 친분이 있는 중국 문인들의 시와 아울러 청조 시단의 최근 작품들도 소개하고 있다.

연암이 북경의 정양문, 유리창 같은 문화유적지와 문물 제도를 두루 견문하고 여러 인물들과 교류하면서 늘 견지 하고 있었던 태도는 주체적인 세계인식의 자세였다. 그는 중국의 발달한 문물을 보면서 늘 그것을 조선 현실에 어떻 게 응용할 수 있을까 생각하였고, 중국 인사들과 교류하면 서도 그들에게 배울 곳은 과감하게 배우되 민족적 자존심

〈사진 2〉 북경의 정양문

〈사진 3〉 북경의 유리창

을 지키려고 애썼다. 연암에게 있어 북학은 중국을 추종하
자는 것이 아니라 올바른 세계인식을 위한 것이었다. 우리
는 이러한 면모를 「곡정필담鵠汀筆談」에서 중국 인사들과 대
화를 나누면서 일부러 지전설地轉說에 대한 이야기를 꺼낸
데서 살펴 볼 수 있다. 하늘은 둥글지만 땅은 모가 나며, 하
늘은 돌지만 땅은 정지해 있다는 우주관에 근거해 성립된
중국 중심주의적 세계관을 부정하기 위해 지구는 둥글며
돌고 있다는 학설을 일부러 소개한 것이다. 중국 중심주의
적인 천하관天下觀을 극복하는 데는 이 지전설이 결정적이

기 때문이다. 연암이 종래의 천문관은 잘못된 것이며 지구는 돌고 있다는 것을 설명해주자, 중국 사람들은 이 주장을 놀라운 학설로 받아들인다. 연암은 중국의 발달한 문물이나 선진지식은 겸허하게 배우되 어디까지나 주체적인 입장을 유지하려고 애썼다. 그의 연행 목적은 단지 중국을 배우는 데 그치는 것이 아니라 중국을 통해 세계를 인식하고 조선 현실을 올바로 개혁할 역사적 전망을 확보하는 데 있었기 때문이다. 이와 같이 『열하일기』에는 선진문물을 두루 배워 당시의 낙후한 조선 현실을 개혁하려는 이용후생의 실학정신과 주체적인 세계인식의 자세가 일관되게 견지하고 있었다고 하겠다.

4. 『열하일기』의 표현방식

『열하일기』는 한문학 갈래 가운데 산문, 그 가운데서도 기행문이라고 할 수 있다. 연암이 중국을 여행하고 돌아와 지은 보고문 양식의 글이다. 그런데 이 방대한 분량의 연행 기록인 『열하일기』가 우리에게 아주 흥미진진하게 읽혀지는 것은 거기 담긴 연암의 날카로운 통찰과 해박한 식견 그리고 이용후생을 위한 진지한 태도 때문이다. 연암은 자기의 여행 체험과 중국의 실정을 생생하게 전달하고 자기의 혁신적인 개혁사상을 효과적으로 전달하기 위하여 정통 고문체와 패사稗史 소품체를 망라한 다채롭고 독창적인 문체를 구사하고 있다. 이것이 소위 당대 문단에 풍파를 던진 연암체燕巖體이다. 전통적인 고문만을 숭상하던 당시에 이러한 패관 소설식의 문체를 자유롭게 구사한 연암의 문체는 참신한 충격과 동시에 격렬한 반발을 불러일으킨 것은 말할 것도 없다. 이것이 소위 정조正祖대의 '문체파동文體波動'으로, 우리는 이 사건을 통해 『열하일기』가 당시 문단에 준 충격과 영향이 어떠하였는지를 짐작할 수 있다.

『열하일기』의 문체 중 가장 특징적인 것은 소설체를 자유로이 구사하고 있다는 점이다. 연암은 다른 연행록처럼 여행 체험을 평면적으로 서술하지 않고 장면 중심의 입체적인 묘사방식을 취함으로써 이를 생생하게 전달하려고 하였다. 이렇게 함으로써 연암은 중국인들의 살아 숨 쉬는 생활상과 청조 문물의 구체적 면모를 실감나게 전달하는 데 성공하고 있다. 이러한 소설식 서술의 세계를 살펴보자.

이때 별안간 말몰이꾼 하나가 알몸으로 뛰어드는데 머리엔 다 헤어진 벙거지를 쓰고 허리 아래엔 겨우 한 조각의 헝겊을 가렸을 뿐이어서 그 꼴은 사람도 아니요 귀신도 아니요 그야말로 흉측했다.

마루에 있던 여인들이 와자그르르 웃고 지껄이다가 그 꼴을 보고는 모두 일거리를 버리고 도망쳐버린다. 주인이 몸을 기울여 이 광경을 내다보고는 얼굴빛을 붉히더니 교의에서 벌떡 뛰어내려 팔을 걷어붙이고 철썩하며 그의 뺨을 한 대 때렸다. 말몰이꾼은 "말이 허기가 져서 보리 찌꺼기를 사러 왔는데 당신은 왜 공연히 사람을 치오?" 하자, 주인은 "이 녀석, 예의도 모르는 녀석, 어찌 알몸으로 당돌하게 구는 거야?" 한다. 말몰이꾼이 문밖으로 뛰어나가 버린다.

-「관내정사(關內程史)」

이렇게 연암은 여행 도중에 벌어지는 여러 사건을 장면 중심적인 묘사를 함으로서 읽는 이로 하여금 눈앞에서 보는 듯한 느낌이 들도록 생생하게 재현하고 있다. 이와 같이 소설적 표현수법을 쓸 때에는 백화문을 이용한 대화를 빈번히 구사하고 있다. 이런 것은 다른 연행록류에서는 거의 찾아보기 어려운 것으로, 이 『열하일기』의 두드러진 표현상의 특징이라 할 만하다.

『열하일기』의 또 하나의 문예적 특징은 우언寓言과 해학의 수법을 즐겨 사용하고 있다는 점이다. 『열하일기』에서 우언적 특징이 가장 잘 드러나고 있는 글은 바로 「호질」과 허생 이야기가 들어 있는 「옥갑야화玉匣夜話」이다.

위선적인 대학자 북곽 선생과 소문난 절부임에도 성이

다른 자식을 다섯이나 둔 과부 동리자의 행위를 풍자하고 있는 「호질」은 소설적 수법과 함께 우언의 수법도 절묘하게 사용하고 있는 작품이다. 이 작품에서 우언의 묘미가 가장 잘 드러나 있는 부분은 범이 먹잇감을 천거하는 악귀들과 문답을 나누는 대목과 북곽 선생을 준엄하게 질책하는 대목으로, 여기서 작자는 역설적인 논리와 온갖 다채로운 고사를 종횡무진으로 구사하고 있다. 특히 『시경』 『서경』 『주역』 같은 유가 경전에 나오는 문구를 따와서 오히려 유자들을 풍자하고 있는 점은 매우 신랄하다. 이러한 풍자적 효과는 작품의 결말에서 절정에 달한다. 거름구덩이에 빠졌다가 겨우 올라와보니 범이 떡 버티고 서 있자 온갖 아첨을 떨며 땅에 엎디어 사죄하는 시늉을 하고 있다가 뒤늦게야 범이 사라진 사실을 깨닫게 된 북곽 선생은 밭을 갈러 나온 농부가 어째서 새벽부터 들판에서 절을 하고 있느냐고 묻자, 시치미를 떼고 '하늘이 높다 하되 몸을 어이 안 굽히며 땅이 두텁다고 해서 조심스레 걷지 않으랴'라는 시경의 구절로 얼버무린다. 북곽 선생은 난세를 당해 신중하게 처신해야 한다는 시구를 엉뚱하게도 자신의 비굴한 행위를 합리화함으로써 더욱 그의 위선적인 모습을 드러내고 있는 것이다.

이와 같은 풍자적 수법은 연암의 대표작이라 할 수 있는

「허생전」에서도 절묘하게 사용되고 있다. 명목상 북벌을 외치면서도 구체적인 준비와 성의를 도무지 찾아보기 어려운 당시 어영대장 이완李浣의 무능을 추궁해 들어가는 허생의 논변에서 우리는 이 풍자적 수법의 적절한 구사를 찾아볼 수 있다. 즉 허생은 호란의 치욕을 씻고 명나라를 위해 복수하려는 북벌계획의 총수 이완을 상대로 국왕이 인재 기용을 위해 성의를 다할 것과 조선에 망명 온 명나라의 유민들을 우대할 것을 차례로 제안하나 이완은 이에 대해 모두 난색을 표명함으로써 북벌에 대한 집권층의 소극적인 자세를 노정하고 만다. 이에 허생은 최후의 가장 현실적 방안으로 국중의 자제들을 선발하여 유학과 무역의 명목으로 청에 보내어 정세를 탐지하는 한편 현지의 반청세력들과 연대할 것을 주장하지만 이완은 이번에도 사대부들이 모두 예법을 지키고 있는데 누가 기꺼이 머리를 깎고 오랑캐의 옷을 입으려 하겠느냐고 반문하면서 미온적인 태도를 보인다. 그러자 격노한 허생은 이완을 향해 다음과 같이 꾸짖는다.

소위 사대부란 것이 무엇들이냐? 오랑캐인 맥족의 땅에서 태어났으면서도 사대부라 자칭하니 이 어찌 어리석지 않으랴! 바지저고리는 순전히 흰색이니 이는 초상이 났을 때 입는 옷이요, 머리털은 한데 모아 송곳처럼 만든 것은 남만의 상투와 다름없는데, 무엇을 일러 예법이라는 거냐? 번오기(樊於期)는 사사로운 원수를 갚는 데에도 제 목을 아낌없이 바쳤으며, 무령왕(武寧王)은 제 나라를 강국으로 만들고자 하는데도 오랑캐옷 입기를 부끄러워하지 않았다. 그런데 이제 대명을 위해 복수를 한다면서도 도리어 머리털 하나를 아까워하며, 이제 장차 말을 치달려 칼과 창으로 치고 찌르며 활과 돌을 쏘고 던질 거라면서도 그 헐렁한 옷소매를 고수하며 예법을 따른다고 자처한다는 말이냐?

－「옥갑야화(玉匣夜話)」

이와 같이 허생은 겉으로 북벌을 부르짖으면서도 안일하게 허례허식과 어설픈 자존의식에 빠져 있던 당시 집권층을 통렬하게 비판하고 있다. 「허생전」과 「호질」은 유자의 폐단을 풍자하고 있다는 그 주체사상에 있어서나 풍자적 수법을 통한 우언을 효과적으로 보여주고 있다는 면에서 모두 뛰어난 작품들이라 하겠다.

우언적인 수법과 함께 연암의 『열하일기』에는 해학적인 표현이 자주 등장한다. 연암은 원래 해학을 좋아했지만 먼 여행길에서 그의 이러한 기질은 유감없이 발휘되고 있다. 격식을 차리는 것을 싫어하고 누구하고나 어울려 농담을 나누는 소탈한 그의 면모는 도처에서 산견되지만 아래에 보이는 일화는 호기심 많은 연암의 인간적 면모를 보여주는 일화이면서 그의 해학정신을 잘 드러내주고 있다.

　　사행들과 더불어 투전을 벌였다. 소일도 할 겸 술값은 벌자는 심
산이다. 그들은 나더러 투전에 솜씨가 서툴다고 한몫 넣지 않고, 그
저 가만히 앉아서 술만 마시라고 한다. 속담에 이른바 굿이나 보고
떡이나 먹으라는 셈이니, 슬며시 분하긴 하나 역시 어쩔 수 없는
일이다. 혼자 옆에 앉아서 지고 이기는 구경이나 하고 술은 남보다
먼저 먹게 되었으니, 미상불 해롭잖은 일이다. 벽을 사이에 두고 가
끔 여인의 말소리가 들려온다. 하도 가냘픈 목청과 아리따운 하소연
이어서 마치 제비와 꾀꼬리가 우짖는 소리인 듯싶다. 나는 마음속으
로 '이는 아마 주인집 아가씨겠지. 반드시 절세의 가인이리가' 생각
하고 일부러 담뱃불은 댕기기를 핑계 삼아 부엌에 들어가 보니 나이
쉰도 넘어 보이는 부인이 문 쪽에 평상을 하고 앉았는데, 그 생김생
김이 매우 사납고 누추하다.

-「도강록(渡江錄)」

　　이렇게 진솔하고 해학적인 이야기는 다른 연행록들에서
는 도저히 찾아보기 어려운 연암 특유의 해학정신의 발로
라 아니할 수 없다.
　　그리고 우리는 연암이 그의 문장에 우리의 방언이나 속담
을 자유자재로 구사함으로써 조선 사람의 정서에 와 닿는

표현을 하고 있다는 점을 주목하게 된다. 위의 글에서도 "굿이나 보고 떡이나 먹는다"는 속담이 등장하고 있지만 『열하일기』에는 이루 헤아릴 수 없는 조선식 한자어와 조선 고유의 속담이 풍부하게 사용되고 있다. 이러한 표현은 정통 고문에서나 소위 격조를 숭상하는 양반님네들의 문장에서는 금기시되는 것들인데도 연암은 대담하고 자유롭게 향토성 짙은 조선어들을 구사하고 있는 것이다. 『열하일기』에는 사또를 '使道', 장가드는 것은 '入丈', 형님을 '兄主'라고 표현한다든지, "웃는 낯에 침 뱉으랴" "어린애 코 묻은 떡 뺏기" 등과 같은 우리 속담이 다채롭게 구사되고 있다. 이러한 조선의 토착적인 언어에 대한 연암의 관심은 그의 사상에서도 볼 수 있듯이 민족적인 지향을 갖는 것이라고 평가할 수 있을 것이다.

『열하일기』에 보이는 또 하나의 표현상의 특징으로 대상의 본질을 있는 그대로 구체적으로 그려내려는 사실주의적인 묘사 경향을 들 수 있다. 『열하일기』에서 연암은 중국의 이색적인 풍물과 인간 군상들을 가능한 한 세밀하고 정확하게 묘사하려는 노력을 보여준다. 연암이 여행 중에 겪는 사건이나 중국문물을 사실적으로 묘파하고 있음은 앞에서 언급하였듯이 소설적 수법을 적절하게 사용하고 있다. 연암은 만나는 사람과의 대화 내용뿐만 아니라 그 사람의 성품과 학식, 용모와 말씨까지도 생생히 그려내고 있다. 여기서 우리가 주목하여야 할 것은 연암은 이『열하일기』에서 그가 만난 사람 중에 지배층에 속하는 인물뿐만 아니라 하층민들에게도 시선을 돌려 깊은 관심과 애정을 가지고 묘사하고 있다는 점이다. 그가 묵은 숙소의 가족들과 각종 장사꾼들, 직업적인 연희인들, 시골 훈장·점쟁이·라마승녀·창녀·거지 등등 여행 도중에 만난 다양한 신분의 인간들의 모습이『열하일기』에는 너무나 생생하게 그려져 있다.

5.『열하일기』, 18세기 동아시아 문명비평서

이상에서 살펴본 대로 연암은 백성을 이롭게 하고 만물을 윤택케 하려는 지향을 가진 실학사상과 그것을 탁월한 문필로 형상화한『열하일기』로 해서 한 획을 긋는 큰 족적을 남겼다. 여기에서는『열하일기』의 문학적 성과를 정리하고, 연암이 갖는 우리 문학사에서의 위상을 점검해본다.

우선 연암은 우리 문학사에 가장 뛰어난 한문단편소설을 남겨놓았다는 점을 지적할 수 있다. 「양반전」을 포함한 초기 소설을 모아놓은『방경각외전』은 당시 양반들의 타락상을 신랄하게 풍자하고, 종래의 고루한 양반윤리의 비현실성과 권위주의적 모습을 희화적으로 보여주는 동시에 새로운 우정友情의 윤리를 바탕으로 일하며 보람차게 살아가는 민중의 모습과 당시 시정 주위에 모인 발랄한 인간 군상들을 빼어나게 그려내고 있다. 연암은 또 이 초기 소설들에서 이전 작품들에서는 찾아보기 어려운 소설적 형상화 방법과 풍자적 수법, 해학적 표현과 토속적인 방언 및 속담의 자유분방한 구사 같은 획기적인 표현양식을 보여주고 있다. 이러한 연암의 뛰어난 문학적 역량은 그의 사상과 글 솜씨가 원숙해진 40대 중반에 이르러 절정에 이른다. 연암은 이러한 때에 연행을 통해 세계를 호흡할 수 있는 기회를 갖게 되었으니 용이 승천의 기회를 얻은 셈이라고 하겠다. 연암은 이 중국 여행을 통하여 실로 많은 것을 보고 느꼈는데, 그때 체험하고 구상한 것을 그의 모든 문학역량을 총동원하여 집필한 것이 결자『열하일기』이다. 여기에서 연암은 그의 실학적인 구상을 다양한 문학 양식과 기법으로 마음껏 펼쳐 보이고 있다. 초기 소설에서 보여주던 소설적인 문체와 대화에서 자주 등장하는 구어식 한문체인 백화체의 사용, 사실주의적인 묘사 등 실로 근대적이라고 표현할 수 있을 정도의 문학적 장치들이 자유롭게 구사되고 있다. 이와 같이『열하일기』는 단순히 중국방문 기행문이 아니라 그의 개혁사상과 문학적 포부를 탁월하게 펼쳐 보인 18세기 후반 동아시아의 문명비평서로, 한 창조적 지성이 경험한 연행 체험과 실학적 구상을 다채로운 표현양식으로 마음껏 펼친 대교향악이라고 하겠다.

『열하일기』로 대표되는 연암의 문학은 당시 문단에서도 벌써 '연암체'로 불릴 만큼 이덕무·박제가·유득공·이서구의 문학에 소위 '조선풍朝鮮風' 경향을 불러일으키는 데 기여하였으며 이옥李鈺과 김려金鑢 같은 작가의 한문소설 창작에도 많은 영향을 끼쳤다. 물론 보수적 인물들과 집권층은 새로운 문체와 사상을 담고 있는 연암의 문학에 대해 거부반응을 나타냈으며, 급기야 순정한 고문체로 돌아가라는 소위 문체반정文體反正을 일으키기도 하였다. 그러나 연암은 그 시대가 요구하는 창작을 하겠다는 법고창신法古創新의 문학자세를 의연히 지켜나가, 급기야 조선 후기 문학사와 사상가에 큰 족적을 남기게 되었다.

연암의 문학은 당대 조선 현실의 핵심문제를 다루면서도 읽는 사람들로부터 폭넓은 공감을 획득하는 미덕을 갖고 있는데, 이것은 연암의 문학이 주제의 적실함뿐만 아니라 그에 걸맞은 다채로운 문학적 장치들을 효과적으로 사용한 결과이다. 연암의 글은 어느 것 하나 허술한 것을 찾아보기 어려우며 조그만 소품일지라도 완벽한 짜임새를 갖고 있어 소위 '화華'와 '실實'을 겸비하고 있다고 하겠다. 이러한 내용과 형식의 수준 높은 결합은 우리 문학사에서 하나의 전범이 될 만하다고 평가된다.

우리가 우리나라 문학의 민족적 전통을 살피거나 사실주의적인 맥락을 짚을 때에 반드시 연암의 문학과 만나게 되는 것은 오늘날에도 그의 문학정신과 주옥같은 작품들이 우리에게 많은 것을 시사해주고 있기 때문이라고 하겠다.

더 읽어볼 책들

• 김혈조 역, 『열하일기』 3권, 돌베개, 2009.

한문으로 기록된 『열하일기』의 번역본은 해방 직후 역사학자 김성칠의 『열하일기』와 한문학자 이가원의 『열하일기』가 있으나, 최근에 나온 김혈조의 『열하일기』가 여러 가지 판본에 대해 치밀한 고증을 거치고 현대적인 감각으로 번역되고 관련 사진이 많이 실려 있어 가장 널리 읽히고 있다.

• 리상호 역, 『열하일기』 3권, 보리, 2004.

북한 학계에서도 연암 박지원에 대한 관심이 높은 편인데, 리상호의 『열하일기』 번역본은 그 성과를 보여준다고 할 수 있다. 이 번역본은 『열하일기』를 번역함에 있어 순 우리말을 잘 구사하여 마치 말하는 느낌을 받을 정도로 자연스러운 문체를 구사하고 있다는 점이 특징이라 할 수 있다.

• 고미숙, 『열하일기 웃음과 역설의 유쾌한 시공간』, 그린비, 2003.

이 책은 오늘날의 관점에서 『열하일기』를 '다시 쓰기(rewriting)'한 교양서이다. 고전비평가인 저자는 기존 인식의 틀을 버리고 '유목주의(nomadism)'의 관점에서 『열하일기』를 재조명하여, 연암의 인간적 모습과 해학적 면모를 경쾌하게 풀어내고 있다.

• 김명호, 『열하일기연구』, 창작과비평사, 1990.

김명호의 『열하일기연구』는 저자의 박사학위 논문을 보완하여 책으로 묶은 것으로, 기존 학계의 『열하일기』에 대한 연구성과를 수용하면서도 『열하일기』의 내용과 표현양식에 대해 수준 높은 해명을 시도한 한문학계의 대표적 역작이다.

불교 경전에 등장하는
인간 붓다의 신화

김영진

1970년 경남 삼천포에서 태어났다. 동국대학교 불교학과를 졸업하고, 같은 학교 대학원에서 중국 근대사상가 장타이옌(章太炎)의 불교에 관한 논문으로 박사학위를 받았다. 『중국근대사상과 불교』(2007), 『공(空)이란 무엇인가』(2009), 『근대 중국의 고승』(2010), 『불교와 무(無)의 근대』(2012)를 썼고, 『근대중국사상사 약론』(2008)과 『대당내전록』(공역, 2000)을 번역했다. 2008년부터 약 4년간 인하대학교 한국학연구소에서 근무했고, 현재는 동국대학교(경주) 불교학부 교수로 재직 중이다.

불교 경전에 등장하는 인간 붓다의 신화

1. 머리말

붓다는 신이 아니다. 하지만 불전佛典에는 신이 등장한다. 더구나 붓다도 마치 신처럼 묘사된다. 역사상 많은 불교인이 그를 신처럼 신앙했다. 그래서 그에게도 신화가 있다. 불전에 등장하는 신은 기독교의 하느님이나 이슬람교의 알라신 같이 전지전능한 자가 아니다. 물론 특별한 능력을 갖지만 그렇다고 심판하지도 초월적이지도 않다. 불교에서 신은 중생의 한 부류로 취급된다. 중생의 한 부류라는 의미는 그들도 윤회를 한다는 이야기다. 그들의 지위는 일시적이다. 여섯 중생은 지옥, 아귀, 축생, 아수라, 인, 천이다. 이 여섯은 여섯 세계를 가리키기도 하고, 그곳에 사는 중생을 가리키기도 한다. 그래서 천은 천신天神이기도 하다. 불교에서 말하는 신은 대부분 이 천신을 가리킨다.

한 중생이 깨달음을 통해서 더 이상 윤회를 하지 않는 붓다가 되었다. 그는 여섯 중생 세계를 더 이상 떠돌지 않는다. 이런 의미에서 붓다는 천신보다 격이 높다. 경전에서는 붓다를 천신 가운데 천신이라고 묘사하기도 한다. 하지만 붓다는 대부분 신격이 아니라 인격으로 묘사된다. 인간으로 살면서 붓다가 되고, 또한 인간에게 말하기 때문이다. 불교 이전 인도의 여러 종교가 '신의 종교'였다면 불교는 '인간의 종교'다. 불교 경전에서 신은 붓다에게 하나의 계기고, 붓다를 보호하는 역할을 주로 한다. 주인공이 아니라 조연으로 등장한다.

이 글에서는 싯타르타 왕자의 출생과 그가 붓다가 되는 과정을 묘사한다. 또한 출생과 깨달음 과정에서 등장하는 천신을 소개할 것이다. 붓다라는 사건은 오로지 그 사람이 노력한 결과가 아니라 다양한 인연의 결합에 의해 가능했다. 그 인연이 경전에서는 천신에 의해 상징된다. 또한 붓다의 노력은 한 인간이 성화聖化되는 과정을 보여준다. 꼭 천신이 아니더라도 그의 모습에서 신적인 모습을 보기도 한다. 그가 인간에서 출발했기 때문에 오히려 그것은 신적이고 거룩한 것이다.

2. 신과 인간의 혼재

인도는 예나 지금이나 신들의 땅이다. 고대 인도 여러 부족은 다양한 신을 숭배했다. 매우 부분적이고 구체적인 역할을 하던 신들은 점점 진화하여 우주 창조나 세계 통치 같은 거대한 역할을 담당한다. 기원 전 15세기에서 12세기경 아리아인(Aryan)이 북서 인도에 침입한다. 그들은 자연 현상을 신격화하였다. 우레의 신이 있고, 바람의 신이 있었다. 식물이나 동물을 의인화한 기존의 신관은 변화를 겪는다. 정복민인 아리아인은 원주민 드라비다족과 문다족을 지배했다. 여러 부족이 숭배한 다양한 신들도 서열화가 진행됐다. 피정복민의 신을 제거하지 않고 새로운 신화 구조로 그것을 포섭했다. 물론 지배 부족의 권위를 전적으로 투사하여 그것을 재편했다. 이렇게 브라만교라는 거대한 종교 체계는 구성된다.

브라만교 전통의 확립과 함께 계급제도인 '바르나' 제도가 성립했다. 이 때 가장 중요한 역할을 한 것이 '베다(Veda)'이다. 최초의 베다인 리그베다는 기원전 10세기경 아리안족에 의해 성립했다. 그들은 자신의 신을 찬양하고 원주민의 생김새를 경멸했다. 기원전 8~7세기경에 이른바 '4베다' 가운데 리그베다 외 나머지도 성립한다. 베다는 신을 숭배하고 제사지내는 과정에서 필요한 노래와 의례를 담고 있다. 일종의 의례서라고 할 수 있다. 수천 년 동안 베다는 인도인에게 종교적 고향이었고, 상상력의 연원이었다. 다소 과장해서 말하면 인도의 종교는 베다에서 시작한다고 할 수 있다.

지금도 인도에서 여전히 작동하는 신분 차별이나 직업 차별도 베다를 중심으로 한 브라만교 전통과 관련된다. 브라만, 크샤트리아, 바이샤, 수드라로 나뉘는 4성제도는 인도에선 바르나(Varṇa)로 불린다. 이는 사실 피부색을 뜻한다. 유럽인종인 아리아 인은 피정복민과 자신을 피부색으로 구분하고자 했다. 브라만은 신의 대리자 혹은 신으로 자임했고, 크샤트리아는 정치나 군사면에서 지도 계급을 형성했다. 바이샤는 '남에게 공물을 바치고, 남에게 해를 입으며, 그의 뜻대로 압박받는 사람'이라고 해석된다. 이 의미가 저들의 처지를 적나라하게 보여준다. 수드라는 노예계급으로 가장 천한 계급을 형성했다.

바르나 제도와 헷갈리는 것이 카스트 제도이다. 이는 현재 2천 개 이상의 차별적 집단으로 구성되는 일종의 직업군을 가리킨다. 이는 4성제도 내에서 인간을 다시 세밀하게 분류하고 차별하는 방식이다. 이 카스트 제도를 통해서 이른바 '불가촉천민' 개념이 등장한다. '불가촉'이라는 말은

어떤 식으로든 접촉하면 안 된다는 뜻이다. 고대부터 이들
은 막대기로 소리를 내어 사람들이 자신을 피하게 했다. 우
리나라 같으면 조선시대 백정 같은 직업군이 여기에 해당
할 것이다. 바르나 제도나 카스트 제도는 지금 보면 무지막
지한 폭력이고 말도 안 되는 차별로 보이지만 사실 그것은
사회를 유지하는 기제였다.

이런 제도는 정치적으로나 사회적으로 안정적 질서를 제
공하는 역할을 했다. 브라만교는 이를 종교적 차원에서 해
석했다. 고대 중국에서는 아마 이것을 천명天命 개념으로 설
명했을 것이다. 내게 주어진 운명을 받아들이고 그 역할을
충실히 할 때 신은 내게 복을 내리고 내세에는 좀 더 행복할
수 있을 거라 믿었다. 그래서 신분적 차등을 하나의 질서로
인정했다. 인도에선 사회나 삶의 '질서'를 다르마(dharma)라
고 한다. 불교에서 말하는 법法의 원어도 이것이다. 여기엔
대단히 다양한 의미가 있다. 그것은 질서나 원리의 의미를
갖는다. 법률이나 법칙이라고 할 때처럼 말이다.

다르마는 사회적 차원에서만 존재하는 게 아니다. 한 인간
의 삶에도 철도의 노선처럼 이탈하지 말고 가야할 길이 있
다. 그래서 그것은 삶의 방식이기도 하다. 4성계급은 각기
삶의 방식을 갖는다. 당시로선 바이샤가 브라만의 삶을 흉내
낼 수는 없는 노릇이다. 각각 자신의 길을 가야 한다. 인도인

의 독특한 수행 풍토와 관련하여 주목할 만한 다르마는 '아쉬라마'이다. 이는 인간 일생을 네 개의 주기로 나누어 각 시기의 역할과 의무를 규정한 것이다. 그것은 학생기, 가주기, 임서기, 유행기 넷이다. 즉 학업에 열중하는[學生] 시기, 그리고 결혼을 해서 가정을 열심히 돌보는[家住] 시기, 그리고 재산을 자식에게 물려주고 검소한 생활과 함께 신들에게 봉사하는 시기, 마지막으로 완전히 가정에서 벗어나 떠돌면서 종교적 수행만을 지속하는[遊行] 시기이다.

이상 네 단계는 세속에 있는 시기와 세속을 벗어나 수행하는 시기로 나눌 수 있다. 하지만 사실 모든 단계에서 '종교와 신'이라는 주제는 관철된다. 가정을 꾸리고 경제적으로 성공하는 것도 실은 신이 부여한 의무로 받아들이기 때문이다. 또한 이런 것을 완성하고 오로지 정신적인 해탈을 성취하려는 수행도 신과 약속이었던 셈이다. 신과 종교, 다르마와 수행 이런 것들은 인도인의 삶에서 떼려야 뗄 수 없는 삶의 일부이다. 지금도 인도에는 수행자인지 걸인인지 구분하기 힘든 수많은 사람이 있다. 인도인들이 그들에게 놀라울 정도로 관대한 이유는 가정을 벗어난 수행을 자신도 결국 가야할 길이라 여기기 때문이다.

3. 인간 붓다의 출현

붓다, 불타, 세존, 석존, 석가, 여래, 석가모니 등 여러 이름을 가진 한 인물. 그의 본래 이름은 고타마 싯타르타이다. 그는 석가족 출신으로 고타마는 성이고 싯타르타가 이름이다. 고타마는 '최상의 소'란 뜻이고 싯타르타는 '목적을 달성한 사람'이란 뜻이다. 그는 석가족 족장의 아들로 태어났다. 아버지를 이어서 왕이 될 자였다. 위에서 말한 네 가지 삶의 단계로 보자면 그는 임금이 되어 부족을 통치하고 한참 지나 아들에게 왕위를 물려주고서 수행의 길로 들어서야 했다. 하지만 그는 그렇게 하지 않았다. 브라만교의 방식이 아니라 자신의 질문으로 수행하고 깨달음을 얻어 오늘날 '불교'라고 부르는 거대한 종교 전통을 열었다.

기독교나 이슬람교와 달리 불교는 유일신을 숭배하지 않는다. 그래서 얼른 보면 불교는 무신론으로 보인다. 불교가 무신론이라고 말하는 게 꼭 틀린 말은 아니지만 앞서 이야기했듯 실제 불교 경전을 읽어보면 다양한 신들이 등장한다. 그들은 불교 이전 인도의 다양한 신이 불교 경전의 서사 구조로 들어온 것이다. 수행자 싯타르타나 깨달음이후 붓다를 호위하고 지지하는 선한 인간상으로 수많은 신이 등장한다. 그리고 끊임없이 싯타르타의 수행을 방해한 악한 인간상으로 마왕이 등장한다. 이는 수행자가 늘 겪는 고뇌와 번민을 묘사했다고 할 수도 있고, 어떤 일의 완성이 단지 개인의 능력만으로 가능한 게 아님을 보여주는 이야기 틀이라고 할 수도 있다. 싯타르타가 태어나는 과정과 관련하여 여러 가지 설화가 전해져 온다. 다음은 모친 마야부인이 태몽을 꾼 장면이다.

> 부인은 목욕하고 향을 바르고 새 옷을 입은 뒤에 몸을 조금 편안히 기댔더니 꿈에 공중에서 어떤 사람이 흰 코끼리를 타고 광명을 세상에 비추며 거문고를 뜯고 악기를 울리며 타고 노래하면서 꽃을 흩뿌리고 향을 사르며 자기 위에 와서는 갑자기 없어졌다. 부인은 놀라 깨어났다. 옆에 있던 왕은 왜 그리 놀라느냐고 묻자 코끼리를 탄 자가 거문고를 연주하다가 갑자기 사라졌다고 말했다.
>
> —『수행본기경』

불교에서는 붓다는 붓다가 되기 전 오랫동안 윤회했다고 말한다. 마지막 윤회가 바로 위의 장면이다. 전생의 붓다를 경전에서는 보통 '보살'이라고 부른다. 이는 대승불교가 출현하기 전에 이미 사용한 개념이다. 붓다가 될 것이 확실한 자이다. 그는 붓다로 향한 길을 어김없이 달리고 있는 자이다. 하얀 코끼리는 불교의 상징 동물로서 보통은 붓다를 따르고 호위하는 역할을 한다. 붓다가 인간 세상에 출현할 때도 동행했던 셈이다.

어떤 문헌에서는 위와 다소 다른 탄생 설화가 등장한다. 거기서는 보살이 상아가 여섯 개 달린 흰 코끼리를 타고 천상에서 내려와 마야부인의 오른쪽 옆구리로 들어갔다고 말한다. 이 때 암흑 같은 지옥에도 빛이 들어 서로 얼굴을 볼 수 있었다고 한다. 이는 아마도 보살이 붓다가 되려고 인간 세상에 출현하는 장면을 극적으로 서사하기 위한 장치일 것이다.

인도 신화에서는 여러 개의 하늘을 말한다. 불교도 이런 방식을 수용했다. 보살은 도솔천에 있다가 인간 세상에 내려왔다. 그곳의 여러 신들은 보살이 인간 세상에 내려가는 것을 무척 슬퍼했다고 한다. 아울러 범천, 제석천, 사천왕 등 도솔천의 신들은 지상에 내려간 보살을 힘써 지키고 보호할 것을 맹세했다. 고타마 싯타르타의 탄생, 그리고 성장과 출가, 깨달음과 교화 그리고 열반에 이르는 장대한 드라마 곳곳에 도솔천 출신 신들이 등장한다. 어떻게 보면 붓다의 삶은 저들 신들과 함께 한 것이고 그의 깨달음과 위대한 결정도 그들과 함께 한 것이다.

도솔천은 보통 붓다가 되기 직전의 보살이 머무는 곳으로 이야기된다. 대승불교에서는 보살이 인간 세상에 태어나자 도솔천을 미륵보살이 책임지게 된다고 말한다. 그래서 그 미륵이 인간세상으로 하생하면 새로운 붓다가 된다고 말한다. 이는 서양에서 말하는 메시아처럼 보이기도 한다. 실제 중국이나 한국 역사에서 메시아를 염원하는 많은 이들이 미륵의 하생을 말했고, 자신이 미륵이라고 자처한 경우도 있었다. 이런 사고는 꽤나 위험할 수도 있지만 특정한 시대에 억압받던 민중들은 이런 식으로 돌파구를 찾기도 했다. 도솔천은 이렇게 붓다가 될 자가 다음 생을 준비하는 곳인 셈이다.

싯타르타가 태어나고 아시타라는 예언자가 싯타르타의 부친 정반왕을 찾아온다. 아시타는 마치 아기 예수를 찾은 동방박사 같은 역할을 한다. 아시타는 아이가 자라서 위대한 군주가 되든지 아니면 출가하여 붓다가 될 것임을 예언한다. 자신의 아이가 자라서 훌륭한 임금이 될 것이라고 말하면 좋을 것이다. 그런데 아이가 자라서 출가하면 훌륭한 수행자가 될 것이라 말하면 좋을까. 쉽게 좋아하지는 못할 테다. 왜냐하면 거기에는 이별이 전제하기 때문이다. 이렇게 아시타는 싯타르타의 부친에게 기쁨과 두려움을 함께 선물했다. 그리곤 그는 보통 사람과 다른 싯타르타의 신체적 특징을 말한다.

불교에서는 아시타가 말한 특징을 32상相 80종호種好라고 호칭한다. 서른두 가지 특징과 여든 가지 좋은 점이라고 간단히 풀 수 있다. 불교인들은 지금도 이를 응용하여 누군가 생김새가 훌륭하면 상호가 좋다고 말한다. 하지만 아시타가 묘사한 내용을 모두 갖춘 사람이 있다면 꽤 기괴할 것이다. 사실은 이는 일종의 상징으로서 싯타르타의 신체에 의미를 부여했다. 고대 중국에도 신화 속 성인이 비정상적인 모습을 갖춘 경우가 많았다. 특별함을 때론 기괴함으로 묘사했다. 나름 개성이었던 셈이다. 아시타는 이렇게 정반왕에게 말한다.

손발에는 수레바퀴 형상이 나타나고 거기에는 천 개의 바퀴살이 있다. 그래서 법의 바퀴를 굴리시게 될 부처님과 세 가지 세계의 높으신 이 되시리라. (중략) 입안에는 마흔 개의 이가 있어서 바르고 희면서 가지런하므로 감로법으로 중생 통솔하리니 그러므로 일곱 가지 보배가 있으리라. (중략) 넓은 혀는 마치 둥근 달과 같고 꽃이 처음 핀 것과 같으며 눈썹 사이의 털은 희고 깨끗하며 밝은 구슬 같습니다.

－『수행본기경』

32상 80종호라는 고타마 싯타르타의 신체성에 그가 앞으로 붓다로서 행할 역할을 연결시킨다. 위에서는 천 개의 바퀴살이 등장하는데 대승불교에서는 관세음보살을 형상화하면서 천 개의 손과 천 개의 눈을 가진 이른바 천수천안千手千眼의 관세음보살을 제시했다. 천 개의 눈으로 모든 중생의 간난신고艱難辛苦를 살피고, 천 개의 손으로 어떤 중생도 빠짐없이 돌보는 것이다. 천수천안은 괴물일 수 있지만 그 역할을 위대한 성자 것이다. 이렇게 신체성은 상징으로 전환한다. 앞서도 말했듯 이런 신체성을 현실에 그대로 옮기면 '괴물'에 가까울 것이다. 붓다가 형상으로 등장할 때쯤에는 굳이 이 신체성을 곧이곧대로 관철시키려 하지는 않았다. 만약 그랬다면 불상은 어떤 예술성도 확보하지 못했을 것이다. 당연히 예술성이 배가하는 종교적 감화능력도 많이 상실했을 것이다.

붓다의 탄생 이야기는 신화적 상상력과 종교적 영감 그리고 위대한 인간의 출생이 뒤섞여있다. 물론 이런 이야기는 붓다시대가 아니라 후대 불교인들에 의해 확장되고 윤색된 결과이다. 인간 붓다의 출현이지만 거기에는 신으로서 붓다의 이미지가 여전하다. 신앙 대상인 붓다를 추앙하는 방법은 신을 신앙하고 묘사하는 방법과 많은 점에서 닮았다. 하지만 불교인들은 신으로서 붓다가 아니라 인간으로서 붓다의 삶에 더 주목하고, 거기서 불교의 모든 것을 배웠다.

4. 죽이는 능력과 살리는 능력

출가하여 성인聖人이 되기 전 싯타르타는 어떻게 보면 그
저 신분이 좀 높은 한 인간이었다. 하지만 경전에서는 젊은
싯타르타의 삶에서 벌써 불교의 원초적 가치나 세계관을 보
여준다. 가장 중요한 점은 생명에 대한 싯타르타의 태도이
다. 고대에는 자신의 용기를 뽐내려고 맹수를 사냥하고, 신
에게 인간의 정성을 보이려고 소나 양을 희생물로 바치곤
했다. 심지어 인간을 희생물로 삼아 신전에 바치는 경우도
허다했다. 이는 신에게 가장 소중한 생명을 바침으로써 복과
안녕을 구하는 행위였다. 그런데 더 따져보면 그것은 타자의
생명을 뺏어서 자신의 보호하고 살찌우려는 짓이다.

앞서 예언자 아시타가 싯타르타는 수행자가 되면 붓다가
될 것이라고 했다. 이는 부친 정반왕 입장에서는 결코 반가
운 소식이 아니었다. 붓다가 될 정도로 종교적 감수성이나
수행에 대한 관심이 지대하다는 이야기인데, 정반왕은 아
들이 왕위 계승을 거부할지 않을까 걱정했다. 그래서 그는
일찍부터 아들에게 세속의 공부와 세속의 행복을 가르쳤다.
일곱 살에 학교를 다니기 시작했다. 하인들은 일산을 받쳐
들고 싯타르타를 따라 다녔다. 계절에 따라 궁전을 바꿔가
며 살았다. 여자로만 구성된 악사들이 음악을 연주했고, 일

년 내내 정원에는 꽃이 피어 있었다. 방마다 향료로 분위기를 더했고, 꽃과 책을 늘 갖춰 놓았다. 화려한 천으로 꾸민 커다란 침대가 방 한쪽에 놓여 있었다. 바깥쪽에는 새장에서 새들이 노래했다. 그야말로 풍요였다.

인간이 누리는 행복과 그것에 대한 욕망도 실은 많은 부분 학습의 결과다. 부친 정반왕은 아들에게 이것을 학습시키고 있었다. 아들에게 세속의 행복과 세속의 쾌락을 가르치려 했다. 하지만 싯타르타가 학교를 간 첫날 선생님은 임금이 돼야할 어린 왕자에게서 깊은 사색과 근원적 슬픔을 보았다. 부친과 신하들은 어린 싯타르타에게서 저 근심을 지우고 싶었다. 신하들은 병법과 기마술을 추천했다. 이는 물론 전투 훈련이다. 고대나 현대나 할 것 없이 전쟁을 통해서 영토를 지키거나 영토를 넓힌다. 군주에게서 전쟁은 가장 중요한 사건일 수 있다. 임금과 신하들은 싯타르타가 전투 훈련을 통해서 사색과 근심을 날려 버리고 군주로서 임무를 자각하길 바랐다.

싯타르타는 외삼촌뻘 되는 크산티데바에게 병법과 무술을 배웠다. 칼이나 활을 쓰고, 코끼리나 말을 부리고, 전술을 운용하는 법을 배웠다. 여덟 살 때부터 이런 무술과 병법을 익혔다. 나중에 싯타르타는 자신의 실력을 뽐낸 적이 있다. 물론 의도를 가지고 한 것은 아니었다. 석가족 청년들이 참여하는 무술대회가 열린 적이 있다. 무술대회는 공동체 성원 간 유대를 강화하고 미래에 있을지도 모르는 전쟁에 대비해 전투력을 준비하는 과정이기도 했다. 당시 무술대회에 석가족 청년 5백 명이 참여했다. 싯타르타와 그의 사촌 데바닷타와 난다도 참여했다. 그날 청년들은 무술대회에 참석하려 성문을 나섰다. 그때 상황이다.

사람들이 재주 부릴 도구를 가지고 성문을 나오려는 참에 성문을 가로 막은 커다란 코끼리를 보았다. 앞섰던 데바닷타가 왼손으로 코끼리의 코를 잡고 오른손으로 이마를 갈겨서 그 자리에서 죽였다. 뒤에 따라오던 난다가 가로 막고 있던 코끼리를 일곱 걸음 정도 옮겼다. 이윽고 태자가 나타났다. "누가 코끼리를 죽였느냐"고 묻자 주위에서 데바닷타가 죽였다고 했다. "누가 코끼리를 옮겼느냐"고 묻자 난다가 옮겼다고 대답했다. 태자가 코끼리를 어루만지다 들어서 성 밖으로 던지자 코끼리가 도로 소생했다.

-『수행본기경』

맨손으로 코끼리를 때려죽이는 건 호랑이를 때려죽이는 것보다 더 어려울 것이다. 보통 사람이라면 코끼리 머리까지 손이 닿지도 않을 것이다. 오늘날 누구도 이런 게 가능할 거라 생각하지는 않을 테다. 이 전설 같은 이야기는 석가족 청년 가운데 누가 주먹이 제일 센가를 확인하려는 게 아니다. 강하다는 것 혹은 힘이 세다는 것이 과연 무엇인가를 성찰하게 하는 이야기다. 데바닷타는 그야말로 상대방을 싸워 제압하여 자신의 힘을 보였다. 전투에 나가 상대방을 모조리 쓸어버리고 전쟁 영웅이 되는 것과 비슷하다. 난다는 코끼리의 죽음에 관여하지는 않았지만 그 죽음에 대해 어떠한 조처도 취하지 않았다. 그저 코끼리 시신이 길을 막고 있기에 사람들이 불편할까봐 그것을 옮겼다. 또한 그 육중한 코끼리를 옮김으로써 자신의 힘을 보였다.

하지만 싯타르타는 어떤가. 그는 죽은 코끼리를 저 하늘 높이 던지는 엄청난 힘을 보이면서도 그것이 죽음이 아니나 삶으로 귀착하게 했다. 코끼리는 싯타르타에 의해서 되살아 난 것이다. 이는 죽임의 능력이 아니라 살림의 능력이다. 신화 구조로 보자면 벌하는 신이 아니라 어루만지고 사랑을 베푸는 신이다. 붓다의 깨달음 이후 불교가 견지한 가장 큰 가치는 생명 존중이다. 이른바 '불살생'이다. 이는 타자의 생명에 대한 절대적 존중이며 미래엔 언젠가 붓다가될 생명체에 대한 기대이기도 하다. 불전 곳곳에서 이런 생명 존중은 표현된다. 대표적인 불전은 『본생담』이다.

불교에서는 붓다의 위대함을 묘사하기 위해서 '본생담本生談'이라는 장르가 출현했다. 자타카(Jataka)라고도 한다.

'본생'은 싯타르타로 태어나기 이전 엄청난 세월 윤회하면서 다양한 삶을 살았을 붓다의 전생 이야기다. 실제 불교인들이 붓다의 전생을 어떻게 그렇게 자세히 알 수 있겠는가. 그것은 상당 부분 각색되고 첨가된 내용임에 틀림없다. 이는 위대한 붓다가 전생부터 특별했을 거라는 불교인들의 상상에 기반했다. 대단히 다양한 이야기가 이 본생담에 들어있다. 이솝우화에서 본 듯한 이야기나 '별주부전' 같은 우리네 이야기와 유사한 내용도 등장한다. 사실 이상할 것 없다. 아주 오래전부터 저런 '이야기'가 인도나 중앙아시아, 유럽 등지에 광범하게 유통됐다. 본생담에는 특히 중생에 대한 끝없는 사랑과 자비심을 강조하는 대목이 많다.

전생에 붓다는 왕자였다. 그는 무엇이든지 베풀었고 자신의 모든 것을 주었다. 한 번은 산에서 선인(仙人)들과 수행을 하고 있었다. 어미 범이 일곱 마리 새끼를 낳았다. 그런데 마침 큰 눈이 내려 어미 범은 며칠째 먹이를 찾아내지 못했고, 새끼 범들은 얼어 죽을 지경이 되었다. 그대로 두면 아마 굶주린 어미가 새끼들을 잡아먹을 수밖에 없는 형편이었다. 산 위의 선인들은 고민에 빠졌다. 이 때 왕자는 너무 기뻤다. 기회가 온 것이다. 큰 자비심을 일으켰다. 태자는 사슴 가죽으로 된 옷을 벗어 얼굴을 감싼 뒤 합장하고 벼랑 위에서 범 앞으로 뛰어 내렸다. 어미 범이 태자의 살을 먹고 기운을 차리자 새끼 범들도 모두 살아났다.

-『본생담』

어떻게 보면 대단히 잔인한 이야기다. 유교적으로는 신체는 너의 것이 아닌데 너 마음대로 남한테 줘도 되느냐 비난할 수도 있다. 일면 타당한 말이다. 하지만 위의 이야기는 그렇게 복잡하게 읽을 필요가 없다. 대단히 단순한 구조다. 부모가 배고픔 때문에 아이를 잡아먹어야 하는 상황을 설정했다. 생물학적으로 보면 당연히 어미가 살아야 할 것이다. 어미가 살아야 종족 번식의 가능성이 높다. 그런데 이는 보면 철저하게 부모에게만 의지해서 존재할 수밖에 없는 아이가 부모에게 배신당하는 상황이다. 갓난아이는 너무도 약하다. 그저 배고프면 울고 그리고 먹고 싸고 자고 하는 게 다다. 그런데 부모가 하루라도 녀석을 방치하면 울고 또 울고 하다가 짧은 생을 마감할 것이다. 아이는 전존재를 어미에 의탁한다.

어미는 자신이 살아야 다시 아이를 갖고 자식을 돌 볼 수 있다. 여기서 일종의 충돌이 발생한다. 둘이서 타협할 수 있는 게 아니라 원래 존재 자체가 그렇게 생겨 먹어서 그렇다. 살아야 한다. 그러하기에 어미 범은 극한의 상황에서 새끼를 잡아먹는 짓을 할 수도 있다. 전생의 붓다는 바로

이 상황에서 개입한다. 누구나 살고 싶고 계속 이 세상에 존재하고 싶다. 그런데 붓다는 그것을 뛰어 넘어서 자기 존재 전체를 걸고 저 상황에 뛰어들었다. 차마 보고 있지 못한 보살은 자신의 몸을 던져 이 상황을 극복하고자 했다. 맹자가 말한 불인지심不忍之心일 수도 있다. 이런 게 붓다의 능력이고 불교의 의도이다.

5. 광야에 선 자

태자 싯타르타의 삶은 사실 그리 고단하지 않았다. 고통을 통해서 뭔가 배우는 사람도 있지만 싯타르타는 그런 경우가 아니었다. 하지만 어차피 시간은 여러 사건을 마련했다. 그에게도 삶을 바꿀 계기가 돋아났다. 그는 인간에게 닥치는 가장 큰 고통인 늙음·병듦·죽음을 목격한다. 생로병사 가운데 생을 제외한 세 가지다. 어쩌면 저들 고통은 대단히 자연스런 삶의 과정이라고 할 수 있다. 그런데 당사자에게는 결코 자연스런 과정일 수 없다. 중년이 되어 거울 앞에 서면 매일같이 슬프다. 사진 찍기도 싫다. 그것은 두려움이고 슬픔이고 고통이다. 우리는 그것을 인간이 간직한 근본적인 문제처럼 여긴다. 그래서 오래전부터 무병장수를 꿈

꾸었다. 부와 권력을 가진 자는 더욱 그랬다. 그렇지만 성공한 자는 없다. 『법구경』에선 이렇게 말한다.

> 마치 목동이 채찍으로 소 떼를 몰아
> 목장 안으로 들어가듯
> 늙음과 죽음은
> 중생들의 생명을 몰아간다.
>
> -『법구경』

목동의 채찍을 피하기 힘들듯 늙음과 죽음을 피해 도망하는 건 어렵다. 불교 경전에서는 싯타르타가 '사문유관四門遊觀'을 통해서 싯타르타가 도피할 수 없는 이 고통을 실감한다고 말한다. 또한 여기서 그치지 않고 그것을 극복하려는 의지를 세운다고 말한다. '사문유관'은 싯타르타가 성의 동서남북으로 난 네 문을 나섰다가 겪은 경험을 가리킨다. 싯타르타는 시간 간격을 두고 동쪽, 남쪽, 서쪽 성문을 차례로 나서 늙음과 병듦과 죽음 때문에 인간이 겪는 고통을 목격한다. 평범하게 잘 살고 있는 젊은이는 이런 고통을 직접적으로 느끼기 힘들다. 그런데 조금만 눈을 돌려 보면 그런 고통이나 경험이 성큼 성큼 내게 다가옴을 알 수 있다.

더구나 삶이 조금씩 쌓이면 이런 고통의 실감은 점점 강해진다. 뜻밖의 사건으로 불현듯 닥치기도 한다. 어머니가 아이의 장례를 치르고 돌아와서 아이 방을 치울 때 드는 회한은 오죽하겠나. 그런 죽음은 화살처럼 살갗을 파고든다. 싯타르타는 아무리 궁전 깊은 곳에 숨어 있어도 저런 것들에서 도망할 수 없음을 깨달았다.

> 공중도 아니요, 바다 속도 아니며
> 산과 돌 사이에 들어가도 안 되리니
> 죽음을 벗어나서 그만두며 받지 않을
> 땅과 처소는 아무 데도 없으리라.
>
> ─『수행본기경』

그렇다. 늙음을 피하려 해도, 병듦을 피하려 해도, 죽음을 피하려 해도 불가능하다. 싯타르타는 세 번의 외출로 극심한 두려움에 빠진다. 그리고 다시 북문을 나선다. 그가 만난 사람은 출가 수행자였다. 머리와 수염을 깎고, 가사를 두르고 시선은 높지도 낮지도 않은 곳에 두고 당당하게 걷고 있었다. 흔들리지 않는 눈빛. 싯타르타는 그가 출가수행자임을 알았고, 거기서 평화를 발견했다. 그리고 그 수행자는 수행을 통해서 온갖 고통에서 벗어날 수 있음을 알려준다. 이 이야기에는 고통과 고통 극복이라는 극명한 대조가 있다. 싯타르타는 이 차이를 잊을 수가 없었다. 그리고 자신도 수행자가 될 것임을 다짐한다.

그런데 이 '사문유관'이라는 사건에도 천신天神은 등장한다. 싯타르타의 부친 정반왕은 아들이 노·병·사의 고통을 알면 다시 번민에 빠질 것을 알고 아들이 성문을 나서기 전에 사람을 시켜 성 밖 거리를 말끔히 정리했다. 노약자나 병자 그리고 임종을 맞은 자가 얼씬도 못하게 했다. 그렇다면 싯타르타가 본 사람은 누구일까. 경전에는 천신이 정반왕의 이런 조치를 알고 스스로 싯타르타 앞에 나타나 늙은이와 병자와 임종하는 자를 연기했다고 한다. 하나의 연출이었던 셈이다.

싯타르타는 아들 라훌라를 낳고 오래지 않아 몰래 성을 빠져 나와 출가를 감행한다. 불교설화에서는 싯타르타가 날아서 성을 나갔다고 말한다. 지금도 법당 바깥에 싯타르타가 날아서 성을 나서는 장면을 묘사한 벽화를 볼 수 있다. 싯타르타는 차고 있던 칼로 머리칼을 잘랐다. 그리고 발견한 사냥꾼과 옷을 바꿔 입었다. 그는 화려한 옷을 벗고 누더기를 걸치고 숲을 헤맸다. 그는 이제 출가 사문이 되었다. 이제 완전히 새로운 세계에 자신을 던진 셈이었다. 화려한 궁궐도 없고, 자신을 지키는 호위무사도 없고, 장래를 보장할 황금의 왕좌도 없었다. 그는 광야에 섰다.

출가 사문 싯타르타는 스승을 찾아 공부했다. 그가 처음 만난 스승은 알라라 칼라마였다. 싯타르타는 오래지 않아 모든 욕망을 버린 경지에 올랐다. 그리고 다시 우드라카 라마푸트라를 만나 공부했다. 그는 의식에서 어떤 표상도 갖지 않는 경지에 도달했다. 이는 일종의 삼매이다. 사실 이런 경지는 우리가 상상하기 힘들다. 일상의 우리는 끊임없이 욕망한다. 때론 그것을 삶의 의욕처럼 느껴 긍정하기도 한다. 때론 그것을 삶의 장애로 느낀다. 왜냐하면 바로 욕망이 우리를 추동하여 끊임없이 실수하고 결국 상처를 받고 상처 낸다고 생각하기 때문이다. 이런 욕망의 극복은 그리 쉽지 않다.

두 스승에게 배운 수행자 싯타르타는 여전히 부족했다. 그는 스스로 그것을 느꼈고, 스승이 그것을 채워 줄 수 없음을 잘 알았다. 그래서 스승을 떠나 자신의 수행을 시작했다. 이후 그는 고행자로 6년을 보낸다. 고행도 수행의 일종이다. 의식과 신체가 가진 욕망과 한계를 완전히 벗어나려는 의도였다. 근대에 서양인들은 인도의 다양한 수행자를 괴상한 사람으로 묘사하곤 했다. 특히 고행자를 걸인이나 몽상가 정도로 다루기도 했다. 우리는 사실 간디에게서 고행자의 모습을 볼 수 있다. 그의 삶도 그랬지만 그의 비폭력 투쟁도 실은 고행이었다. 보통의 인간은 그렇게 할 수 없다. 쉽게 주먹을 쥐고 달려들어 상대를 적으로 간주하고 싸울 것이다.

싯타르타는 오랜 고행으로 핏줄은 한 올 한 올 다 드러났고 눈은 움푹 들어가 그림자가 졌다. 머리칼은 자랄 대로 자라 새들이 와서 집을 지었고 앙상한 몸은 금방이라도 앞으로 푹 쓰러질 듯했다. 하지만 그는 꿈쩍 않고 있었다. 6년 고행 끝에 싯타르타는 기나긴 고행으로도 완벽한 깨달음에 도달할 수 없음을 깨달았다. 그리고 고행을 푼다. 그렇다고 고행이 전혀 무익했던 것은 아니다. 그는 고행을 통해서 자신이 가진 욕망과 한계를 많은 거의 극복했다. 하지만 그는 만족하지 못했을 뿐이다. 그는 새로운 수행을 준비했다.

먼저 그는 기력을 차려야 했다. 또한 벌거벗은 몸을 가려야 했다. 움직일 기력도 없는 싯타르타는 누더기 옷을 주어 몸을 가렸다. 불교 경전에 따르면 이 때 천신인 인드라가 나타나 싯타르타를 도우려 한다. 하지만 싯타르타는 "이건 출가 사문이 할 일입니다."고 그 도움을 거절한다. 출가자의 삶은 출가자가 살아야 한다. 누가 대신 살아 줄 수는 없는 노릇이다. 싯타르타는 사문의 법도대로 마을로 탁발하러 갔다. 수자타라는 마을 처녀가 그에게 우유죽을 공양했다. 그는 음식을 가지고 강가로 와서 먼저 몸을 씻고 그것을 먹었다. 그 약간의 음식으로 싯타르타는 기력을 회복했다. 싯타르타는 다시 명상을 하기 위해 저쪽 보리수 쪽으로 걸었다. 깨달음을 향한 마지막 발걸음이었다. 길가 농부에게 풀을 한 다발 얻었다. 그리고 보리수를 오른쪽으로 세 번 돌았다. 그리고 공손히 인사했다. 다음에는 해가 뜨는 방향인 동쪽으로 향해 풀을 펴고 앉았다.

6. 승리자 붓다

전쟁에 나선 전사뿐만 아니라 명상 속의 수행자도 굳건한 의지가 필요하다. 단 5분 명상을 해 봐도 알 수 있다. 정말 잠시인데도 좀이 쑤시고 온갖 생각이 다 든다. 눈 뜨고 보면 기껏 몇 분이 지났다. 싯타르타는 보리수 아래 앉으면서 이 명상이 마지막이라고 다짐했다. 결코 물러서지 않고 깨달음을 이루리라 다짐했다. 마치 거대한 싸움을 준비하는 듯했다. 그는 천천히 선정禪定에 들었다. 그는 계속해서 네 단계의 선정으로 차례로 진입했다.

제1선은 욕망과 악을 떠나서 마음의 잡념을 남긴 채 초월의 기쁨을 맛본다. 제2선은 잡념까지 가라앉히고 내면의 고요를 통해 의식의 통일을 이룬다. 제3선은 앞의 기쁨을 초월하고 바른 생각과 바른 앎이 일어나 몸에 즐거움을 느낀다. 이렇게 해서 결국 근심도 기쁨도 없는 순수하게 평안한 느낌만 남는 제4선에 돌입한다. 하지만 아직 멀었다. 이 네 가지 선정은 깨달음의 전 단계일 뿐이다. 이때 싯타르타는 신통력을 획득한다. 그것은 온갖 인연을 관찰하는 능력이다.

싯타르타는 선정에 든 상태에서 천안통天眼通을 얻었다. 자신의 의식을 붙들고 있던 온갖 구속을 떨쳐버린다. 이런 눈으로 중생의 생로병사를 본다. 누구는 좋아서 소리 지르고 누구는 슬퍼서 목 놓아 운다. 누구는 아름다움을 뽐내고 누구는 추함에 고개 숙인다. 가마를 지고 가파른 산을 오르는 자. 그 가마에 오른 살진 육체. 서로 악다구니 하는 부모 자식. 슬픔과 비루함. 다시 선정 속에서 숱한 중생의 숱한 생을 기억하고 그것을 낱낱이 훑어본다. 이게 숙명통宿命通이다. 그것은 과거의 모습이기도 하고 전생의 기억이기도 하다. 저들 중생의 발자취를 남김없이 살펴본다. 저들의 인연을 자유자재로 관찰한다. 저들의 성냄을 기억하고 저들의 기쁨을 기억한다.

싯타르타는 이렇게 자신의 존재 인연과 중생들의 존재 인연을 살핀다. 선정은 지속되고 어둠이 지나 새벽을 맞을 때 수행자 싯타르타의 고뇌는 흔적 없이 사라진다. 따뜻함만 있다. 삼매 속에서 번뇌가 다 사라진 것이다. 마음속에 일었던 번뇌와 세상에 대한 오해와 번민은 이제 그의 것이 아니다.

수행자 싯타르타는 생각한다. 중생들의 늙고 죽음은 왜 닥치는 걸까. 이 질문이 불교에서 말하는 연기 공식을 도출했다. 태어남 때문에 늙고 죽음은 발생한다. 생존하기 때문에 태어난다. 집착하기 때문에 생존한다. 이렇게 따져 결국 무명無明이 이런 모든 혼란과 실수의 출발임을 깨닫는다. 이것을 해결하면 온갖 고통에서 벗어날 수 있음을 깨닫는다. 불교용어로 말하면 12연기를 통찰한 것이다. 12연기는 무명 때문에 결국 '늙고 죽는' 사태가 발생함을 설명한다. 이때 말하는 무명, 즉 무지는 과연 무엇을 모른다는 말일까. 그것은 궁극적으로는 집착 때문에 고통이 발생하고, 중생은 끊임없이 윤회하여 태어나고 죽는다는 사실이다.

불교에서는 죽고 다시 태어남을 윤회라고 말한다. 또한 그것을 극복해야할 것으로 취급한다. 왜냐하면 바로 이 윤회 때문에 노병사의 고통은 지속되기 때문이다. 그런데 주의해야 할 점은 그렇다고 자살을 권하는 게 아니라는 사실이다. 자살해도 다시 태어난다. 태어남을 극복하는 것은 죽음이 아니다. 완벽한 깨달음을 통해서 윤회를 끊는 것이다. 불교에선 말한다. "깨달은 자는 윤회하지 않는다." 싯타르타는 깨달음 이후 붓다(Buddha)로 불린다. 붓다는 '깨달은 자'란 의미다. 붓다의 깨달음 순간을 열반이란 말로 묘사하기도 한다.

열반은 산스크리트로는 '니르바나(Nirvana)'로서 '불어서 끄다'란 의미가 있다. 타 버린 재처럼 분란함이 사라지고 의식이 대단히 고요한 생태가 됨을 가리킨다. 더 이상 번뇌는 없다. 더 이상 윤회도 없다. 붓다는 일체 집착과 일체 번뇌에 대해 완벽하게 승리한 자가 된다. 좀 단순하게 말하면 붓다는 일체 욕망에서 벗어난 자라고 할 수 있다. 이제 붓다는 세상에 승리자로 우뚝 섰다. 그것은 번뇌에 대한 승리이자 욕망에 대한 승리이다.

7. 맺음말

티베트 라싸의 포탈라 궁에는 수십 년 전 달라이 라마가 거처하던 작은 방이 있다. 순례자들은 그 방에 놓인 작은 방석을 향해 연신 절을 한다. 불상이 없던 시대 불교인들은 붓다를 보리수나 빈자리로 묘사하고 그곳을 향해 예경하는 것을 연상시킨다. 달라이 라마의 종교적 권위나 신성성을 보면서 그 옛날 붓다의 모습을 상상했다. 현재 달라이 라마는 엄밀히 말하면 선발 제도를 통해서 확정된다. 그래서 순수하게 자신의 능력으로 그 권위를 획득한 것은 아니다. 붓다는 이와 달리 순수하게 붓다 됨을 자신이 보여주었다. 이

점에서 둘은 확연히 다르다. 하지만 그들의 노력이나 그들이 갖는 종교적 의미는 그리 달라 보이지 않는다.

　달라이 라마도 자신의 인간임을 천명했듯 붓다도 인간으로 시작해서 인간으로 끝났다. 하지만 인간 이상의 모습을 보여줬기에 그의 이야기는 마치 신화처럼 불교인들에게 전해진다. 그래서 인간 붓다에게 신화가 존재하는 것이다.

더 읽어볼 책들

• 거해 편역,『법구경』1·2, 고려원, 1994

『법구경』은『아함경』과 더불어 불교의 원초적인 이야기를 싣고 있는 경전으로 간주된다. 위의 책은 한문으로 번역된『법구경』이 아니라 팔리어『담마파다』를 번역한 것이다. 여기에는『법구경』본래 내용과 그것에 대한 붓다고샤의 풍부한 주석을 함께 실었다. 대단히 풍성한 이야기를 통해서 붓다와 제자들의 대화를 엿들을 수 있다.

• 고익진 편역,『한글 아함경』, 동국대학교출판부, 2006

필자는 국내에 초기 불교연구의 한 계기를 마련한 연구자이다. 이 책은 방대한『아함경』가운데 핵심적인 내용을 간추려 번역한 것이다. 아울러『수행본기경』이나『대반열반경』등 아함경 외 초기 불교의 모습을 보여주는 경전으로 간주하여 싣고 있다.

• 나카무라 하지메(中村元), 김지견 역,『불타의 세계』, 김영사, 2005

저자 나카무라 하지메는 일본의 불교연구자로 세계적인 석학이다. 이 책은 인도라는 공간 그리고 붓다가 살던 시간으로 우리를 인도한다. 상당히 많은 그림과 실제 경전 구절을 통해서 붓다가 나고 자라고 깨닫고 그리고 임종을 맞는 과정을 소상하게 묘사한다.

• 와다나베 쇼코(渡邊照宏), 법정 역,『불타 석가모니』, 샘터, 1994

이 책은 붓다의 전기라고 할 수 있다. 다양한 경전을 세밀하게 비교하면서 붓다라는 인물을 소개한다. 그의 번민 그리고 그의 환희 그리고 그의 죽음까지 대단히 종교적인 감성으로 이야기를 전개한다. 연구서라기보다는 하나의 불전을 읽는 듯하다.

• 이연숙 옮김, 『(精選)아함경』, 시공사, 1999

위의 고인직 편역, 『아함경』보다는 비교적 수월한 내용을 싣고 있다. 하지만 불교 교리 전개에 중요한 아함경 구절이나 일화는 빠짐없이 싣고 있다. 비교적 잘 읽히고 중간에 장절을 나눠 적절한 정리가 곁들어져 있다.

조선후기의 법과 도덕

: 『흠흠신서欽欽新書』 읽기

김호

서울대학교 국사학과를 졸업하고 같은 학교 대학원에서 「허준의 동의보감 연구」로 박사학위를 받았다. 서울대학교 규장각 책임연구원과 가톨릭대학교 교양교육원 교수를 거쳐 2017년 현재 경인교육대학교 사회과교육과 교수로 재직 중이다. 최근 조선 시대의 예악형정(禮樂刑政)을 주로 연구하고 있다. 지은 책으로 『원통함을 없게 하라』, 『조선의 명의들』, 『정약용, 조선의 정의를 말하다』 등이, 옮긴 책으로 『신주무원록』 등이 있다.

조선후기의 법과 도덕

: 『흠흠신서(欽欽新書)』 읽기

1. 머리말

다산 정약용은 우리에게 너무도 친숙한 조선후기의 실학자이다. 이 글은 다산이 남긴 조선후기 법 판례집인 『흠흠신서』를 통해 조선후기의 일반적인 법문화 및 법감정과 이에 대한 다산의 비판적 견해를 살펴보려는 것이다.

다산은 "사건 판결은 천하의 저울이다. 죄수를 위하여 죽일 길을 찾아도 형평이 아니며, 죄수를 위하여 살릴 길을 찾아도 형평이 아니다. 그러나 살길을 찾고 죽을 길을 찾지 아니함은 진실로 죽은 자는 다시 살아날 수 없으므로 살려놓고 그 죽일 것을 찾아내더라도 오히려 어긋나지 않기 때문이다. 죽여 놓고 살리기를 찾을 수 있겠는가? 그러므로 형사사건을 다스리는 자는 반드시 죄수를 위하여 살리기를 찾아야 한다."고 말한 바 있다. 다시 말해 정확하고도 정의로운 법 집행을 강조한 것이다.

특히 다산은 조선후기에 주자학적 도덕주의와 관용의 정신으로 도덕의 과잉상태가 나타나고 이 때문에 처벌받아야 할 사람이 처벌받지 않거나 혹은 처벌받지 말아야 할 사람이 처벌받는 일이 벌어진다고 보았다.

다산은 '용서만을 일삼는 것은 아녀자의 仁'일 뿐이며 반대로 '엄벌만을 강조한다면 유학자가 아니라 군인의 정치'일 뿐이라고 비판하였다. 다산은 처벌해야 하는 경우와 용서해야 하는 경우, 또 불가피한 예외 규정과 예외의 정도 등에 대해 진지하게 고민하면서 보다 정확한 법 집행만이 정의 구현의 지름길임을 분명히 했다.

원통함이 없게 하는 일은 궁극적으로는 도달해야 하는 일이면서 동시에 매우 어려운 현실임을 토로한 다산은 법 집행시 신중하고 또 신중하기를 요청하였다. 그것이 책 제목에 신중할 흠[欽] 자를 두 번이나 적은 이유였다.

2. 도덕 감정의 과잉

1) 일곱이나 죽었다

1778년(정조2) 8월에 황해도 재령에서 벌어진 사건을 보자. 당시 최여인은 친척 이경휘의 전답에서 이삭을 주워 생계를 꾸리고 있었다. 그런데 五寸 숙부인 이경휘가 최여인을 도둑으로 몰아세웠고, 이에 자신의 처지를 비관한데다 억울하다고 생각한 최여인이 자식, 조카들과 함께 모두 물에 빠져 자살하였다. 무려 7명이 죽은 사건이어서 문제가 커졌다.[1]

본 사건에 대해 황해도 관찰사는 가볍게 처벌하면 위핍조를 적용하여 장 100에 해당하고, 무겁게 처벌해도 사형에 처하기는 어렵다고 보고하였다. 이에 대해 정조는 1778년 8월 다음과 같은 판부를 내렸다.

살인 옥사가 어찌 한정이 있겠는가마는, 어찌 이 옥사처럼 참혹하고 악독한 경우가 있겠는가. 보잘것없는 아녀자가 원한을 품어도 오히려 和氣를 해치기에 족한데, 7명이 모두 목숨을 버렸으니 이

---

1) 이하 최소사 사건은 『심리록』 권11 「黃海道載寧郡李京輝獄」; 『흠흠신서』 권7 「祥刑追議」 9 '威逼之阨' 1 참조.

무슨 변괴인가. (중략) 이러한데 사형에 처하지 않는다면 어떻게 원통한 영혼을 위로할 수 있겠으며 귀신의 억울함을 풀어 줄 수 있겠는가. 정범 이경휘는 숙질 사이일 뿐 아니라 이웃에서 같이 산 정의가 있건만, 매 맞은 혐의를 뒤늦게 따지고 이삭을 주운 일을 가혹하게 들춰내어 범행할 마음을 가슴 속에 꽉 채워 두고 있었으니, 비록 별다른 싸움이나 말다툼이 없었다 하더라도 추궁하여 죽음으로 몰아넣은 자는 바로 이경휘이다. 스스로 원인을 제공한 죄에 대한 형률을 그가 어찌 면할 수 있겠는가. 더구나 草賊이라는 惡名을 씌우고 討捕裨將을 종용해서 공갈하고 위협하여 못하는 짓이 없었으니, 그 죄상을 따져 보면 자못 칼을 뽑아 직접 찔러 죽인 죄보다 심하다. 저 한 사람을 비록 國法으로 사형에 처한다고 하더라도 7명의 목숨을 갚기에는 부족한데, (중략) 장계의 말을 살펴보니 '가벼운 쪽으로 처벌하면 杖一百에 이르지 않고 무거운 쪽으로 처벌하더라도 사형에 이르지는 않는다'는 것으로 이 옥사를 처결하는 증거로 삼았다. (중략) 해당 도신을 무거운 쪽으로 추고하라.

친족 간 사소한 이익을 다투다가 7명이 목숨을 잃는 風俗의 쇠락에 분노했던 정조는 이경휘의 처사에 괘씸죄를 가했고 죄를 가볍게 처벌하자는 황해감사를 엄하게 꾸짖었다. 정조의 의지 때문인지 이후 형조의 의논은 이경휘를 중벌에 처하는 쪽으로 선회하였다. 형조 참의 李獻慶은 '다툰 것이 한 묶음 이삭에 지나지 않으므로 형률이 杖—百에 그치나 이러한 경우 혹 사형에 처하지 않으면 어떻게 원통함을 풀어 줄 수 있겠습니까?'라고 하여 가중처벌하자는 의견을 내놓았다. 1784년(정조8) 윤3월 정조는 본 사건에 대한 최종 판결을 내렸다.

주범인 이경휘가 비록 직접 칼로 찔러 죽인 것은 아니지만, 매를 맞은 혐의를 갚고자 하여 억지로 풀을 훔쳤다는 누명을 씌우고는 위협하고 공갈하여 협박하기를 너무도 심하게 함으로써 마침내 한 꺼번에 죽게 만들었으니, 그가 어찌 威逼律을 피할 수 있겠는가. 하 물며 친척으로서 이렇게 집안끼리 싸우는 변고가 있었으니, 조정의 風教를 돈독히 하는 정사에 있어서 어찌 범범하게 보아 넘길 수 있 겠는가. 이경휘는 각별히 엄중하게 형신하여 기필코 사형에 처하는 처벌을 내리도록 推官에게 엄히 申飭하라.

정조는 이삭 몇 줌을 준 친척을 도둑으로 몰아 7명의 목숨을 죽게 한 이경휘를 사형에 처하지 않을 수 없다고 판단하였다. 이 사건의 판결을 통해 법보다 도덕에 무게 중심을 둔 정조의 입장을 잘 이해할 수 있다.

정조는 본 사건이 위핍조에 해당하는데도 불구하고『대명률』「위핍」조의 처벌 규정을 넘어 선 무거운 처벌을 결정하였다. 조선후기 법적 판단에 있어 도덕의 과잉을 잘 보여주는 사례이다. 당시 도덕적 판단의 과잉은 복수살인에 대한 寬容이나 減刑의 방향에 국한된 게 아니라, 위의 사건처럼 괘씸죄를 통해 무겁게 적용되기도 했다. 다시 말해 가볍게 처벌하고자 마음먹으면 얼마든지 가볍게, 무겁게 처벌하려면 반대로 더 무겁게 처벌하였던 것이다.

2) 감정에 치우쳐서는 안 된다

후일 다산은 본 사건에 대한 정조의 판결을 정면으로 비판했다. 다산은 모름지기 살옥은 공평해야 한다는 말로 서두를 시작하면서 이경휘를 사죄에 처한 정조의 판결이 지나치다고 주장했다.

殺獄사건은 천하의 공평한 일이어야 한다. 비록 몸에 상처가 없더라도 그 정상이나 범행이 지극이 흉악하면 마땅히 살인으로 판단하고 비록 10명의 목숨이 동시에 떨어졌다 해도 진실로 그 정상이나 범행이 무겁지 않으면 마땅히 그 죽음을 너그럽게 해야 한다. 단지 죄의 경중만을 논하면 되지 어찌하여 저 죽음의 多寡를 따지려하는가. 崔召史 모자 7인이 일시에 물에 몸을 던졌으니 이번 사건을 듣고 누군들 해괴하다고 생각지 않겠는가마는 비록 그렇다 해도 최소사는 일단 제쳐놓아 생각하지 말고 홀로 이경휘의 범행만을 잡고 반복해서 追究한 후 만일 그 계책이 반드시 협박해서 죽이려는[逼殺] 데서 나왔고 그 사정이 부득이 자살할 수밖에 없었으며 또 그 정황이 7인이 모두 죽지 않을 수 없었을 경우에야 이경휘를 威逼殺人한 자로 간주할 수 있다.

다산은 7명의 목숨 때문에 사건 판결과정에서 공평을 잃어서는 안 된다고 주장했다. '반드시 협박해서 죽이려 하였고, 사정이 부득이 자살할 수밖에 없었으며, 정황 상 일곱이 모두 죽지 않을 수 없었을 경우'에만 이경휘를 사형에 처할 수 있다는 언급에서 다산의 신중한 태도를 볼 수 있다.

과연 이경휘의 모욕이 7명의 목숨을 죽일만한 일이 아니었다면 너무 쉽게 목숨을 끊고 다른 자녀들마저 희생시킨 최소사가 지나친 것은 아니었던가? 그렇다면 7명의 목숨을 이경휘에게 모두 갚으라고 할 수 있겠는가? 그럼에도 이경휘에게 괘씸죄를 적용하여 가중처벌한다면 법보다 도덕적 판단을 우선한 결과 판결의 형평을 잃게 될 것이다. 다산은 도덕의 과잉을 우려했다.

다산은 '이경휘의 행동이 분노하고 한을 품을 만하지만 반드시 죽을 필요가 없으며 부끄러워하고 두려워할 만하지만 반드시 죽을 만한 일이 아니었다면, 가령 죽어야 할 만한 일이더라도 자녀 모두와 함께 죽을 필요는 없었으니 그렇다면 이경휘는 사람을 능멸하고 무고한 죄는 있더라도 살인죄는 없다. 그리고 설사 사람을 죽인 죄가 있다 해도 7인을 모두 죽인 죄는 없다. 지금 만일 7인의 목숨 모두를 이경휘의 등에 지워 그 책임을 무겁게 한다면 이경휘에게 너무 억울하다.'고 주장했다. 도리어 7명의 목숨을 앗아간 죗값을 최소사가 치러야 한다고 다산은 주장했다.

7인의 목숨이 끊어진 사실을 판단하여 살인의 죄를 논한다면 崔女에게 있다. 자살도 사람을 죽이는 것이요, 자녀를 살해하는 것 또한 사람을 죽이는 것이다. 愚見으로는 단지 최녀가 살인한 것만 보이지 이경휘가 사람을 죽인 죄는 보이지 않는다.

다산은 '충분한 위협[可畏]' 조건이 성립했을 때만 위핍률이 성립한다고 보았다. 단지 죽은 이가 많다는 이유만으로 위협한 자가 책임지지 않을 책임마저 지고 사죄에 처해져서는 안 된다는 뜻이었다. 그런데도 만일 위핍자를 엄벌에 처한다면 결국 법의 정의를 해치는 일이요, 피해자만을 생각하다가 반대로 위핍자를 억울하게 만들 것이라고 비판했다. 다산은 7명이 아니라 더 많은 사람이 죽었다 해도, 죽음의 책임을 이경휘에게 물을 수 없으며 도리어 모욕을 당하자 자살로써 복수하려던 최소사의 '편협한 성격'에 책임을 물어야 한다고 보았다.

3. 동생의 죽음을 복수하다

1) 원정지법의 적용

다음은 1784년(정조8)년 6월 진주에서 벌어진 사건이다.[2] 사노비였던 권복순은 자신의 여동생 복점이 시어머니 김씨에게 꾸중을 듣고 물에 몸을 던져 자살하자, 사돈 김씨를 결박하고 창 자루로 때려 8일 만에 죽게 하였다. 당시 경상감사는 '권복순이 휘두른 막대기가 창 자루라느니 소나무 가지라느니 흉기를 종잡을 수 없고, 어깨를 때렸다느니 허리 아래를 때렸다느니 하는 의논이 분분하여 혼란스럽습니다. 실인實因은 비록 결박 후 때려죽인 것으로 귀결되었으나, 김씨가 구타당한 이후 뜸을 뜬 일이나 복약服藥의 정황을 헤아려보면 이미 병이 있었음을 증명합니다. 형사 사건의 진범이 의심스럽다면 우선 가볍게 처벌하는 법을 따라

---

2) 이하 본 사건은『심리록』권15「안동권복순옥사」;『欽欽新書』권8「祥刑追議」 10 '復雪之原' 4 참조.

야 할 듯합니다.'라는 계사[보고서]를 올렸다. 감사의 보고서를 받아든 형조 관리들 역시 권복점이 물에 몸을 던진 이유가 시어머니의 악행惡行 때문이고, 여동생의 원한을 풀고자 오빠 권복순이 시어머니 김씨를 결박한 후 구타한 일이니 저간의 사정을 헤아려야 한다고 주장했다.

사건 발생 이듬해인 1785년 7월 정조는 최종판결을 내렸다. 판결문에서 정조는 '동기간의 지극한 정'을 강조하고, 죽게 된 직접적인 이유보다는 근본적인 원인을 생각해야 한다고 보았다.

죽은 이유가 병 때문이었는지 혹은 구타당해서 그런 것인지, 때린 자가 이 사람이었는지 저 사람이었는지는 분분하게 의논할 것 없다. 살인사건을 처결할 때 사정을 참작하여 용서해 주는 법[原情之法]이 없다면 그만이겠지만, 그렇지 않다면 권복순을 살려야지 죽일 수는 없다. 지금 고발당한 권복순은 복점과 남매 사이로, 동기간의 지극한 정에서 누구인들 그렇게 하지 아니하였겠느냐. 두 남매는 나이가 두 살 터울인데 두 사람 모두 열 살 되기 전에 부모님을 잃는 슬픔을 당하고 외롭게 서로 의지하며 목숨을 부지해 왔다. 어려움 속에 두 사람만 남았는데 이제 한 사람은 장가를 들고 한 사람은 시집을 가게 되었으니, 이들이 서로 기대하고 사랑으로 보살핌은 남들보다 열배는 더하여, 혹여 하루라도 시집에서 못 살지나 않을까 걱정했을 것이다. 그러나 없는 일을 꾸며 내 야단치는 시어머니의 고약함은 어찌해 볼 도리가 없으며 뼈를 후벼 파는 악담 때문에 며느리의 탄식은 그치지 않았던 것이다. 낮에 점심을 지어 들에 나갔다가 저녁 먹을 때가 되도록 귀가하지 않았으니, 돌아가고자 하였으나 돌아갔다가는 곧바로 책망을 듣게 될 터이고, 도망치고자 하였으나 딱히 도망칠 곳도 없었다. 신세의 고달픔과 신산함을 슬퍼하고 운명이 기구한 것을 한탄하면서 해질녘의 아무도 없는 빈 강가를 서성이다가 마침내 쓸쓸하게 물에 몸을 던지는 혼(魂)이 되고 만 것이다. 그 정경을 생각하면 비참하고 측은하며, 가슴에 맺힌 수없는 원통함은 길 가는 사람이라도 듣고서 눈물을 흘릴 법하다. 하물며 오빠로서 부모를 잃은 슬픔도 채 가시지 않은 상태에서 새로운 슬픔이 갑자기 생겼으니 이때를 당하여 하늘과 땅만큼의 원한을 장차 어찌 풀 수 있었겠는가? 이에 매제(妹弟)를 결박하고 시어머니를 구타하여 누이동생의 한을 위로하고, 시어머니를 핍박하여 죽임으로써 조금이나마 여동생의 원수를 갚고 분통함을 씻을 방도로 삼았던 것이니, 천리나 인정으로 그만두려 해도 그만둘 수 없었던 것이다. 사정을 참작하여 용서하자는 논의[原情之論]를 권복순에게 적용하지 않는다면 누구에게 시행하겠느냐. 이에 권복순을 특별히 석방하도록 하라.

2) 오해하지 마라

정조는 동기간의 정을 강조하면서 여동생을 위한 오빠의 복수를 용서하였다. 그러나 다산 정약용은 정조의 결정이 남매간의 정 때문에 살인자를 용서한 것처럼 오해되어서는 안 된다고 주장했다.

다산은 정조가 본 사건을 살인사건으로 보지 않았기에 사면이 가능했다고 주장했다. 다산은 '살옥 사건의 원안原案을 보지 못해 정확한 사정의 내막은 알 수 없다. 그러나 시어머니 김씨의 죽음은 병사[病患]가 분명하다. 복순을 정범이 아닌 피고로 기록한 것도 그러하며, 정조의 판결문에 '병 때문인지 아니면 구타 때문인지'라고 말한 것으로도 죄가 의심스러운데다 사정이 매우 가여워 이처럼 용서한 것이다. 만일 구타하여 죽인 게 분명하다면 완전히 석방하시지는 않았을 것'이라고 주장했다.

다산은 권복순의 석방은 단지 남매간의 우애를 고려한 게 아니라 시어머니의 죽음이 구타살해가 아닌 병사였기 때문에 가능했다고 해석했다. 인정의 도리만을 이유로 정조가 살인죄를 용서하지는 않았으리라는 게 다산의 주장이었다.

사실 다산의 이러한 해석은 약간 억지스러운 면이 없지

않다. 왜냐하면 확실히 정조는 형제, 자매 혹은 남매의 우애를 강조하기 위해 본 사건을 가볍게 처리했기 때문이다. 다산은 '인정과 도리'만을 참작하여 살인자를 용서하다가는, 관용을 기대하고 폭력을 일삼는 범법자들이 늘어날 수 있다고 경고했다. 따라서 정조의 석방 명령이 살인이 아닌 '병사'였기 때문이라고 누누이 강조한 것이다.

3) 모든 죽음을 정당화할 수 없다

다산은 편협한 성질의 부녀들이 한순간에 자살한 일을 모두 핍박당한 사건[모욕을 이기지 못하거나 위협을 받아 자살한 경우]으로 인정하여 가해자를 처벌하거나 가해자에 대한 복수를 허용해서는 안 된다고 주장했다.

다산은 당시 조선의 부녀자들이 말 한마디 서로 다투었을 뿐인데도 이를 철석같이 원통하게 생각하여 연못에 몸을 던지는 경우가 많다고 보고, 편협한 성격으로 작은 일에도 너무 쉽게 원한을 품고 자진하는 부녀자들 때문에 시어머니가 모질었다고 단정할 수는 없다고 보았다.

다산은 적어도 모욕이나 핍박 등의 수치심이 〈죽을만한 경우〉는 간음 등으로 무고를 당하거나 도둑질을 했다고 죄를 덮어 씌워 이 세상에 몸을 용납할 수 없도록 했을 때로 제한했다. 이 정도라면 피해자가 자진(살)할 수 있고 혹 친인척이 '복수'할 수도 있다고 보았다.

본 사건은 권복순이 때리기는 했지만 이 때문에 시어머니가 사망하였는지 확실치 않으므로 사건에 의문이 있었던 것이요, 따라서 정조가 이전의 판례들을 참작하여 살려주었을 뿐이라고 다산은 결론지었다.

보통 사람들은 정조의 깊은 뜻을 헤아리지 못한 채 시어머니의 가벼운 꾸중에 며느리 권복점이 편협한 성질을 이기지 못하고 자살했을지도 모를 일을, 단지 고부간의 갈등이라면 시어머니를 고약한 사람으로 취급하는 상식에 의거하여 여동생을 위한 오빠의 복수가 정당하다고 생각하기 쉽다.

기본적으로 다산은 인정과 정상을 참작한 도덕정치를 인정하였지만 도덕의 과잉이 초래할 무질서를 우려하였다. 특히 다산은 도덕적이지 못한 자들이 —편협한 부녀자와 상당수의 일반민들— 마치 스스로를 도덕적이라고 착각하거나 혹은 편협한 울분을 정의의 분노로 착각함으로써 엄연한 사회 질서를 위협할 수 있다고 생각했다.

4. 음란淫亂을 징계하다

1) 절개를 지키지 않은 과부

1790년(정조14) 4월 울산에서 벌어진 사건 역시 윤리의식의 과잉이 불러온 비극이었다. 견성민은 개가한 누이[견씨부인]가 고부갈등으로 남편과 싸우고 시댁에서 쫓기어 돌아오자 여동생을 배에 태워 태화강으로 나간 뒤 물에 빠뜨려 살해하였다.[3]

초검관은 당시 사건을 목격한 뱃사공이 아침밥을 먹고 있는데 남녀가 배를 타고 태화강 중류까지 가다가 갑자기 여자가 물에 몸을 던졌고 남자는 구하지 아니하고 언덕에 배를 대고는 도주하였다는 증언과, 견소사의 시신을 검험하니 구타 흔적은 없고 손톱에 진흙과 모래가 끼었고, 살갖이 모두 흰색으로 배는 팽창하였으니 분명 물에 빠져 죽은 것이 분명한데, 다만 당일 오빠 견성민이 물에 빠진 동생을 구하지 않고 도주하였고 배 안에 옷가지와 버선 돈이 있었던 것을 미루어 볼 때, 견녀의 죽음은 자살이 아닌 오빠 견성민에 의한 타살이 분명하다고 보고하였다.

---

3) 이하 본 사건은 『欽欽新書』 권8 「祥刑追議」 12 '彝倫之殘' 4 참조

이 사건에 대한 정조의 최종판결이 남아 있지 않아 견성민에 대한 처벌이 어떻게 결정되었는지 현재로서는 알 길이 없다. 그러나 다산은 끝내 견성민의 자백을 받아내지 못했음을 아쉬워하고 동생을 죽인 오빠의 행동이 반드시 처벌받아야 할 범죄이지 단지 음란한 여동생을 징계한 차원의 의로운 행동이 될 수 없다고 강조했다.

다산은 "가령 견씨 부인이 시어머니에게 불효하고 남편에게 순종하지 않았고 청상과부가 되어 음란한 행실이 있었다면 모든 죄악이 구비된 것이기는 하다. 그러나 그렇다고 해서 집안사람[家人]이 (법을 따르지 않고) 마음대로 죽일 수는 없다. 비록 부모라도 도리어 죄가 마땅한데 하물며 오빠가 여동생을 죽이겠는가? 청상과부가 수절하지 못한 게 본래 죽을죄는 아니다. 따라서 죽을죄도 아닌데 그녀를 죽였다면 어찌 죄가 되지 않겠는가?"

비록 여동생이 여러 가지 악행으로 충분하다고 해서 집안사람이 죽일 수 있는가? 부모라도 안 되는데 하물며 오빠는 더더욱 안 된다. 또 과부가 수절하지 못한 사실이 죽을죄도 아닌데, 이를 미워하여 죽였다면 반드시 처벌받아야 한다는 게 다산의 생각이다.

그런데도 당시 일반적인 도덕 감정으로는 오빠가 음란한 여동생을 살해할 수 있다고 믿고 있었고, 견성민은 그렇게 한 것이다. 다산은 가족들 사이에 〈잘못〉이 있다하여 마음대로 천살할 수 없음을 명백히 하고 천살할 수 있으려면 악행이 〈죽을만한 죄〉에 해당할 때뿐이라고 못 박았다.

다산은 법의 심판관들이 지혜[智]와 정의[義]를 충분히 단련하여 단순한 원한과 의로운 분노를 구분함으로써 개인적 원한이나 분노가 정의의 폭력으로 둔갑하지 못하도록 막아야 한다고 주장했다. 사사로운 분노와 원한이 도덕 감정에 기댄 채 너무 쉽게 의로운 행위로 변모하는 당시 상황에서 다산은 19세기 이후 조선 사회에 넘쳐났던 사적 폭력의 기원을 발견했던 것이다.

2) 법보다 인정

음란한 여동생을 처벌할 수 있다고 생각한 경우는 그래도 덜하다. 다산은 자신이 곡산부사로 재직 당시 9촌 형수와 간통하여 아이를 낳은 김이신 사건의 처결 과정에서 도덕감정의 과잉이 야기한 폭력을 논한 바 있다.[4]

당시 곡산의 모든 사람들은 부도덕한 무인武人 김이신을 때려 죽여야 한다고 목소리를 모았고, 경기감사의 판결 또

---

4) 이하 본 사건은 『欽欽新書』 권5 「祥刑追議」 2 '首從之別' 11 참조.

한 즉시 죽여야 한다는 것이었다. 다산은 관련 법조문을 찾아보았지만, 『대명률』의 조항은 '대저 상복을 입지 않는 먼 일가 및 상복을 입지 않는 친족의 아내를 간통한 경우에는 각기 형장 100을 판결할 뿐이고, 남편이 있는데도 눈이 맞아 간통한 경우에는 형장 90이며, 다만 강간의 경우에는 교수형을 판결한다.'는 것이었다. 그 어디에도 〈9촌 숙모와 간통한 경우〉를 사형에 처할 수 있다는 내용은 없었다. 그러나 조선의 법감정은 '법은 비록 그러하나 인정상 죽일 만하다[法雖如此 其情可死也]'는 것이었다. 이것이 바로 법과 인정 사이의 갈등이요, 법을 굽히고 인정을 좇는 당시의 법감정을 잘 보여주는 표현이다.

다산은 법과 인정 사이에 주저할 수밖에 없었다. 인정을 따르자니 법을 굽히게 되고, 법을 따르자니 당시 인정의 분노를 진정시키기 어려웠던 것이다. 다산은 법에 충실하였다.

내가 법률을 살펴보니, 위와 같았으므로 이로써 처리하지 못하고 미루면서 또한 법률을 초들어 말하지도 못했던 것이다. 여러 차례 형장을 베풀어 다만 옥중에서 굶주리고 추워 병들어 죽기를 바랐으나 모진 목숨이 죽지 않으니 마음으로 매우 고통스러웠던 것이다.

다산은 다만 결정을 미룬 채 김이신에게 형장을 베풀면

서 옥중에서 죽기를 바랐다. 사람들의 지나친 분노를 추종하여 법을 굽혀서라도 김이신을 죽일 수는 없다고 생각하고 그저 옥중에서 자연히 죽기를 기다린 것이다. 그런데도 김이신은 옥중의 고초를 이겨내고 죽지 않았다. 이를 본 다산은 죽일 수도 죽이지 않을 수도 없었던 자신의 마음이 매우 고통스러웠다고 술회하였다.

그런데 다산이 곡산을 떠나 중앙 관료가 되자 새로운 곡산 부사로 조덕윤이 부임하였다. 조덕윤은 어찌하여 김이신처럼 부도덕한 놈을 죽이지 않았는가 하고는 바로 사형에 처해버렸던 것이다.

다산은 이에 대해 구체적인 언급을 남기지 않았다. 그러나 도덕의 과잉[분노]으로 인한 감정적 판단이 단지 일반민들의 마음속에 가득할 뿐 아니라 신중한 판결을 해야 할 사또[판관]의 마음마저 움직이고 있다는 사실을 우려하였을게 분명하다.

5. 넘치는 의열義烈

1) 친척이라도 안 된다

다산은 조선후기 도덕 과잉의 대표적인 사례가 정려旌閭의 남발이라고 보고, 단순 자살을 의열로 둔갑시키는 세태를 비판했다. 그는 친척의 아내가 남편을 따라 순절했을 때조차 의로운 죽음이 아니라면 정려할 수 없다고 판단했다.

1801년 다산이 장기로 귀양 갔을 때의 일이다. 다산의 재종제再從弟 정상여가 모친상을 당해 슬픔을 이기지 못하고 그만 병이 들어 죽었다. 그러자 그의 아내 최씨가 음식을 끊고 남편의 죽음을 애도하다가 그만 목을 매 자살하였다. 동네 선비들은 최씨를 남편과 합장한 후 '최씨의 정절貞節과 효행을 드러내지 못한다면 이는 우리들의 수치'라고 결정하고 관아에 최씨의 정려를 신청하려고 했다.

정상여의 동생 정규건이 다산에게 관아에 올릴 글을 요청하였다. 다산은 이 부탁을 거절했다. 남인계 대학자인 우담愚潭 정시한丁時翰이 이유 없이 남편을 따라 죽는 행위는 바른 의리가 아니므로 이를 장려하여 집안의 복을 기를 수는 없다고 말한 일화를 인용하면서 다산은 정중하게 청탁을 물리쳤던 것이다. 다산은 너무도 쉽게 목숨을 끊는 당시 부녀자들의 세태, 그리고 이를 마치 의리에 합당한 행위인 것처럼 무조건 장려하려는 국가의 태도를 못마땅하게 여겼다. 위태로운 순간의 남편을 구하려다 함께 목숨을 잃은 경우도 아니고, 치한의 위협에 정절을 지키고자 죽음으로 항거한 것도 아닌데, 단지 남편이 죽자 슬픔을 이기지 못하여 자살하였다고 이를 표창할 수는 없다는 게 다산의 주장이었다. 헛된 죽음을 명분 없이 미화한다면 아무나 〈의로운 자살〉이니 〈의로운 복수〉니 하면서 너무 쉽게 자살이나 살인과 같은 극단적 폭력을 휘두를 것이 뻔했기 때문이다.

2) 진정한 의열

그렇다면 어떤 경우에 의로운 자살이라고 할 수 있을까? 다산은 「열부론」을 지어 진정 의로운 죽음이 무엇인지 상세하게 밝혔다. 다산은 아버지가 죽는다고 그저 따라 죽는 아들을 효자라 할 수 없고, 임금이 죽었다고 신하가 따라 죽는다면 충신이라 부를 수 없듯이, 남편이 죽었다고 목숨을 끊는 행위는 진정한 열부의 태도가 아니라 편협한 성격일 뿐이라고 비판했다.

그러자 일부에서 다산의 이러한 비판을 너무 심하다고 반박했다. 남편을 따라 죽은 부인의 행동이 명예를 얻으려는 것이 아니라 순수한 마음으로 남편을 따라 죽었는데 이를 열부가 아니라 한다면 지나치지 않는가라는 비판이었다. 이에 대해 다산은 '천하의 일 가운데 스스로 목숨을 끊는 것보다 더 나쁜 일이 없다. 목숨을 버리는 데 무엇을 얻을 게 있겠는가? 따라서 오직 그 죽음이 의[義]에 합당한 경우라야 할 것이다.' 다산은 절대 목숨을 버려서는 안 되는 일인데 그럼에도 불구하고 목숨을 버려야 한다면 진정 의로워야 할 뿐이라고 거듭 강조했다. 그는 목숨을 잃는데 의롭지 않다면 도대체 목숨을 버려서 얻을 바가 무엇인가?라고 반문하였다.

다산은 열부의 조건을 다음으로 제한했다. 첫째, 남편이 호랑이나 도적盜賊에 핍박당했을 때 아내도 남편을 따라 막으려다가 죽었다면 이러한 경우는 열부라 할 수 있다. 둘째, 자신이 도적이나 치한의 핍박으로 강제로 욕보이게 되었을 때 굴하지 않고 스스로 목숨을 끊었다면 이는 열부이다. 셋째, 일찍 과부가 되었는데 부모나 형제들이 자신의 뜻을 꺾고 남에게 재가시키려 할 경우, 이를 거부하다가 역부족이자 스스로 자진했다면 열부라 할만하다. 마지막으로 남편이 원통함을 품고 죽자 아내가 남편을 위하여 울부짖으면서 진실을 밝히려다 뜻을 이루지 못하고 함께 형벌에 빠져죽었다면 이는 열부라 할 수 있다. 다산은 이상의 조건에

해당하지 않는다면 절대로 의로운 죽음[烈婦]가 될 수 없다
고 주장했다.

다산은 조선후기에 열부의 조건에 합당하지 않은 경우들
을 열부라고 포장하는 사례가 너무 많다고 보았다. 가령 남
편이 편안히 천수天壽를 누리고 안방에서 운명하였는데 아
내가 이내 따라 죽는다. 이는 스스로 제 목숨을 끊었을 뿐이
다. 이 죽음이 의로움[義]에 합당한가 생각해보면 절대 그렇
지 않다. 다산은 스스로 목숨을 끊는 것이야말로 세상에서
가장 나쁜 일로 규정하고, 이미 의롭지 않은 죽음이라면 이
는 천하의 가장 나쁜 일인데, 천하의 가장 나쁜 일을 가지고
지도자[官長]가 마을에 정표하고 부역을 면제해 주는가 하
면 자손들의 노역도 감해 준다면, 이는 천하에서 가장 나쁜
일을 서로 좋아하라고 백성들에게 권하는 꼴이니 과연 옳
다고 할 수 있겠는가?라고 비판했다. 다산은 정부가 헛된
죽음을 권장해서는 안 된다고 주장했다.

6. 결론

다산이 헛된 죽음[의롭지 않은 죽음]을 맹렬히 비난하는 속
깊은 이유는 더 있다. 그는 진정한 분노[의로운 죽음]가 헛된

죽음들과 뒤섞임으로써 의로운 죽음의 진정성마저 훼손될까 걱정했다. 따라서 그는 사사로운 원한과 불의不義와 부당不當에 대한 진정한 저항을 혼동하지 않도록 각별히 주의했다. 사실 불의와 부당에 공분共憤할 줄 아는 인민들의 도덕적 각성이야말로 조선사회가 추구한 주자학적 통치의 궁극의 목표였다. '공분'이 중요한 이유는 나 홀로 도덕적인데 머물지 않고 다른 이들의 도덕성 계발에도 개입하기 때문이다.

주자학자들이 으뜸으로 친 『대학』의 가르침은 명명덕明明德과 신민新民에 다름 아니다. 이러한 덕목에는 개인의 도덕적 자각과 더불어 타인의 도덕성을 계발하려는 주자학적 이상공동체의 의지가 잘 드러나 있다.

그런데 주자학의 기획은 도덕적으로 정당[義]하다고 판단된 분노[폭력]를 용인할 수밖에 없으며, 필연적으로 사회질서를 뒤흔들만한 수위의 정당한 폭력—가령 복수살인 등—마저 가능하다는 당위성과 이를 적절히 통제하지 않을 수 없다는 현실 사이의 끊임없는 긴장을 야기하게 된다. 결국 최선의 방법은 사회질서를 위협하지만 용인될 수도 있는 정당한 분노와 절대로 용납되어서는 안 되는 부적절한 분노를 정확하게 구별하는 일이다. 만일 양자 사이가 정확하게 구별되지 않는다면 사적인 폭력이 공적 정의로 둔갑하여 폭력이 난무할 것이기 때문이다. 다산의 문제제기는 바로 이 지점에 대한 우려에서 비롯했다. 그는 사적인 원망과 의로운 분노[義殺]를 정확하게 구별함으로써 사적인 폭력을 엄격하게 통제하고자 했다. 근본적으로 정의로운 살인을 부정할 수도 없고, 그렇다고 해서 정의라는 이름으로 자행되는 너무나도 분명한 살인 행위를 모두 용납할 수 없는 모순적 상황에서 다산의 해법은 바로 양자의 엄격한 구분에 있었다. '정의로운 폭력'에 대한 엄밀한 제한을 통해 그렇지 않은 폭력들이 정의라는 명예를 훔치지 못하도록 한 것이다.

참고문헌

『欽欽新書』.

『與猶堂全書』.

『審理錄』.

『經國大典』.

『續大典』.

『大明律』.

더 읽어볼 책들

• 체자레 벡카리아, 이수성 역, 『범죄와 형벌』, 길안사, 2000.

• 전재경, 『복수와 형벌의 사회사』, 웅진지식하우스, 1996.

• 김호, 『원통함을 없게 하라』, 프로네시스, 2006.

• 심재우, 『네 죄를 고하여라: 법률과 형벌로 읽는 조선』, 산처럼, 2011.

의례, 조선 왕실로의 초대

김지영

서울대학교 국사학과를 졸업하고 동대학원에서 문학박사를 취득했다. 현재 서울대학교 규장각한국학연구원 책임연구원으로 재직하고 있으며 서울대학교 국사학과 및 국제대학원에서 강의하고 있다. 주요 저술로는 『조선후기 국왕 행차에 대한 연구』, 『조선시대 국왕의 일생(공저)』, 『왕실의 천지제사(공저)』 등이 있다.

의궤, 조선 왕실로의 초대

1. 머리말

작년 가을, 병인양요 때 프랑스 군에 의해 약탈되었던 외규장각 의궤가 145년 만에 돌아와 박물관 특별전 및 전국 순회전시를 통해 전 국민들과 만남을 가졌다. 프랑스에서 돌아와 전시된 의궤들은 매우 정교한 반차도와 도설들, 양질의 종이에 반듯하게 씌여진 글씨 등, 백년 이상 시간의 간극이 느껴지지 않을 정도로 외형적으로 번듯한 책이었다. 그러나 조각이나 도자나 공예품 등 다른 문화유산과 달리 의궤는 책이며, 책의 진정한 가치는 그 형식만이 아니라 그 형식이 품고 있는 내용에 있다.

잘 알려져 있듯이 의궤는 한 사람에 의해 씌여진 책이

아니고 오랜 시간 동안 많은 사건들을 기록한 기록물이다. 2007년 6월 세계 기록문화유산으로 등재되었을 정도로 300년간에 걸친 긴 시간 동안 거행되었던 조선 왕조의 국가적 의례들을 낱낱이 기록한 기록물로서의 가치를 인정받았다. 물론 사료로서의 객관성과 상세함은 의궤가 가진 최고의 장점이다. 『조선왕조실록』이나 『승정원일기』처럼 한 시대에 대한 상세한 정보를 많이 전달해주는 자료라는 점 이상으로 의궤가 가진 가치는 무엇일까. 기록을 통해 당대에 뿐만이 아니라 미래에까지 떳떳할 수 있는 정치를 행하고자 했던 조선시대의 기록정신을 의궤는 다시 보여주고 있는 것뿐일까.

의궤는 왕정의 모든 부면을 기록한 연대기 사료들과는 달리 왕조의 의례라는 특정한 행사를 기록하고 있는 주제가 있는 기록물이다. 조선시대인들은 왕조의 의례를 매번 특별하게 기록하였을 뿐 아니라 이를 여러 벌로 만들어 실록과 같이 여러 곳의 사고史庫에 보내 비장했다. 게다가 어제, 어필 등과 함께 왕부王府에 보관하여 왕정을 대표하는 기록물로 전하고자 했다. 왜 그들은 이런 특별한 자료를 특별하게 제작하여 특별하게 보관하였던 것일까. 그들이 의궤에 쏟았던 정성과 마음을 그들 시대의 맥락 속에서 정확하게 이해해보는 것, 이것이 이 글의 목적이다.

2. 조선시대 왕조 의례의 의미

의궤는 조선시대에 거행되었던 국가적 규모의 의례를 기록한 책이다. 조선시대에는 국가적으로 거행해야 할 의례를 다섯 가지 범주로 구분하였고, 이를 시행하기 위한 자세한 범례를 마련하였다. 조선이라는 국가가 존재하고 유지될 수 있도록 하는 여러 신격에 대한 제사[길례吉禮], 왕조가 유지될 수 있도록 왕을 책봉하고 혼례를 통해 왕가를 유지·보전하고 후계자를 세우는 등의 경사스러운 의식[가례嘉禮], 장례식[흉례凶禮], 이웃 나라의 사신을 맞이하고 교류하는 의식[빈례賓禮], 왕조를 물리적으로 지키고 보전하기 위해 군사를 움직이고 통솔하는 의례[군례軍禮] 등, 오례가 그것이다.

대부분의 현대 국가는 그 국가가 토대하고 지향하는 가치를 헌법에 담아 표현한다. 헌법에 명시된 시민의 자유와 인권, 민주적 가치들은 시민사회의 공존과 번영을 위한 가장 중요한 토대로서 공인되고 합의된 것들이다. 그렇다면 조선시대에는 어떠했을까. 유교의 가치를 질서의 토대로 삼았던 조선시대에는 공존을 가능하게 하는 도덕적 능력[本性]을 자연이 인간에게 부여한 절대적 이치[天理]로 상정하고, 인간이면 누구나 맺게 되는 다양한 사회적 관계 속에서 자연이 부여한 도덕적 능력을 발휘할 수 있도록 하는 것을 배움[學]의 가장 중요한 내용으로 삼았다. 조선시대의 이와 같은 인간 존재에 대한 이해, 학문에 대한 관점을 배경으로 하여 인간 사회를 질서 있고 조화롭게 유지하는 '정치'의 방법도 다르게 제안되었다.

흔히 조선시대에 '예치'를 지향했다고 말한다. 다양한 사회적 관계 속에서의 가장 도덕적인 행동 방식이 바로 '예禮' 이다. 부모와 자식 간에, 형제들 간에, 집안의 친지들과의 사이에서, 마을의 어르신이나 아랫사람들과의 사이에서, 직장의 윗사람과 아랫사람 사이에서 가장 바람직한 행동의 방식은 어떠해야 하는지, 나를 있게 하고 나를 살아가게 하는 여러 사람들에 대한 감사와 존경을, 내가 마땅히 책임져야 할 관계들에 대한 애정과 의무감을 어떻게 표현하고 보일 것인지를 구체적으로 규정한 것이다. 가혹한 형벌이나 혹독한 규제에 의지하지 않고, 예의 실천을 통해 마음[공공심]을 기르고 이기적 욕망을 절제하는 가운데 자연스레 공존적 조화를 이루어 갈 수 있도록 한 것이 조선이 지향한 정치의 방법인 '예치禮治'였다.

예치의 목표와 방법은 크고 작은 정치적 단위에서의 실천되는 의례를 통해 명시적으로 표방되었다. 가문을 책임지는 가장의 책임범위와 가장으로서 갖추어야 할 덕목들은 관·혼·상·제라는 일상의 의례를 실천하는 가운데 설명되었다. 군현을 책임지는 수령은 사직, 성황, 여단에서의 제의와 향례를 수행하면서 일향—鄉에 대한 무거운 책임을 보여주었다. 일국을 책임지는 군주는 민과 국가의 안녕에 대한 책임의식을 의례를 통해 표현했다. 가장의 책임이 가족 구성원들의 의, 식, 주를 책임져주는 데에서 그치지 않고, 사회가 요구하는 바람직한 성인으로 길러낼 책임이 있듯이 군주의 책임도 백성들의 먹고 사는 문제를 해결해주는데 그치지 않았다. 통상적으로 군주에게 부여된 '교화'의 책임은 백성들의 마음을 길러주는 것이었으며, 국가적 의례는 바람직한 본보기로서 시연되었다. 백성들에게 터전을 내주고 먹고 살아가게 해주는 자연에 대한 감사를, 지금은 곁에 없지만 현재의 삶을 가능케 한 선조들에 대한 감사를 표현한 것이 종묘, 사직, 풍운뇌우, 산천 등등에 대한 제향이었다. 왕도 결혼을 하여 가정을 이루고 자손을 기르고 부모를 여의는 존재였고, 왕의 통과의례는 조선이 가장 바람직하게 여기는 통과의례의 본보기가 되어야 했다. 동시에 조선의 가장 큰 정치적 책임을 지는 존재로서의 왕의 기쁨과 슬픔은 개인적인 것이 아니며 조선 전체에 공유되어야 할 것이었다. 이렇게 국왕을 정점으로 하는 정부가 주도하는 국가적 의례들은 전 사회적으로 구현되어야 할 예치질서, 그 이면에 전제하고 있는 조선인들의 상호 연대의식을 구체화한 것이었다. 이 의례를 수행하는 가운데 왕이나 왕조(국가)의 정치를 설득하고, 자연스러운 정치적 권위를 만들어낼 수 있었다.

3. 전례서, 왕조 의례의 매뉴얼

왕조의 의식들은 미리 정해진 매뉴얼에 의해 수행되었다. 이 매뉴얼은 국초부터 진행된 연구를 토대로 하여 세종대에서 그 기본 골격이 마련되고 성종대『국조오례의國朝五禮儀』라는 전례서에 체계적으로 수록되었다.『국조오례의』에 수록된 매뉴얼은 '의주儀註'라고 부른다. 왕이 조정의 신하들이 모두 참여한 가운데 조회를 연다면 조회가 열리는 장소에 미리 필요한 물품을 어떻게 진열하고 사람들의 자리를 어떻게 배치하는지, 어떤 순서에 따라 조회 장소에 입장하고 어떤 방향을 바라보고 서는지, 왕이 입장하면 어떤 예로서 인사하고 의식을 행하며, 어떤 절차에 따라 의식을 마무리하는지 구체적으로 규정하는 식이다.『국조오례의』에는 이런 의주 외에도 제사에 쓰이는 제기祭器, 제사별 상차림, 제향음악을 연주할 때 쓰이는 악기, 의례적 존재로서 왕을 꾸미는 옷과 장신구, 가마와 의장, 의례에 쓰이는 의례용 도구들의 그림이 수록되어 있다. 따라서 조선시대 국가적 규모의 의례에 어떤 종류가 있고, 어떤 절차에 의해, 어떤 도구들을 써서 의식을 거행하였는지 이 한 권의 책을 통해서 대체를 짐작할 수 있다.

이렇게 국가적으로 실행하는 의례의 종류와 규모는 이미 15세기에 대체적으로 마련되었지만, 실제 모든 의례들이 정해진 바대로 수행된 것은 아니었다. 국왕의 즉위식, 결혼식, 장례식 등 누구나 거쳐야 할 일생의 중요한 의례들도 항상 같은 방식으로 치러지지 않았다. 18세기 중반 영조대에는 『국조오례의』 이후 달라진 매뉴얼을 수집, 정리하여 『국조속오례의國朝續五禮儀』를 편찬했다. 그러나 이것으로 재정리 작업이 끝난 것이 아니었다. 국상國喪에 관련된 새로운 규정들은 『국조상례보편國朝喪禮補編』이라는 책으로 다시 보완되었고, 왕세손 관련 의례들은 『국조속오례의보國朝續五禮儀補』라는 책으로 묶여졌다. 정조正祖 대에는 『국조오례의』와 『국조속오례의』를 합치고 자신의 시대에 추가 보완된 의주들을 더해서 통합 매뉴얼을 만들었고, 아예 국가 의례의 의미, 역사와 매뉴얼을 함께 수록한 종합 전장서로 『춘관통고』를 편찬하기도 했다. 이러한 작업들은 19세기까지 이어졌다.

매뉴얼의 수정, 보완 작업이 꾸준히 진행된 사실을 통해서도 알 수 있듯이 국가적 어떤 의례를 시행할 것인지, 각각의 의례에 담긴 의미를 무엇인지는 이미 조선 초에 정식화되었지만 시대가 흐르면서 많은 변화들이 있었다. 의식의 전체 절차에서 어떤 부분이 어떤 방식으로 더 강조되어야 할 것인가에 대한 해석의 차이가 있었고, 예제를 변통하자는 논의들도 있었다. 변화를 가로막는 전통의 힘 또한 만만치 않게 존재했다. 예제의 시행, 변통과 관련된 전교傳敎, 연설筵說, 대신 및 유신들의 수의收議 등 모든 논의들은 낱낱이 기록하여, 당대 정치에 대한 역사로서 남기고자 했다. 구체적인 의식의 절차, 의식을 거행하기 위한 준비의 과정들도 빠짐없이 기록해서 책으로 만들고 비장하여 훗날의 의례 시행에 참고가 될 뿐 아니라, 어떤 마음으로, 어떤 의지를 담아 정치를 해나갔는가를 보여주기 위한 역사 기록으로 삼고자 했으니 이것이 '의궤儀軌'라는 책이다.

4. 의궤, 형식 들여다보기

현전하는 의궤들의 제목을 보면 대개 '○○도감의궤'라고 되어 있다. '가례도감', '국장도감', '빈전도감'의 식이다. 의식을 거행하기 위해서는 일을 진행하기 위한 조직이 필요했다. 결혼식, 장례식 등 큰 규모의 행사를 치르기 위해서는 구체적인 의식 절차를 결정하고 조정하는 예조뿐 아니라 재정적 지원, 인력 동원, 공간 및 도구의 지원 등을 위해 이조, 호조, 병조, 공조 등 여러 관서의 협조가 필요했다. 일을 준비하는 과정에서 여러 관서의 협력을 이끌어내는 일뿐 아니라 절차상의 변통을 논의하고 조정하기 위해서는 실제 조정자의 역할을 할 수 있는 관원을 비롯해 그를 보좌할 여러 실무진들이 전적으로 일을 담당해야 했다. 이를 위해 임시기구로 현대의 조직위원회와 비슷한 '도감都監'이 설치되고, 도제조, 제조 이하 실무 관원이 배치되었다. 현재 남아 있는 의궤는 대부분 '○○도감의궤'라고 되어 있는데 도감의 일을 종합적으로 기록한 기록이기 때문이다. 물론 종묘의궤, 사직서의궤, 실록청의궤 등과 같이 각 의례를 전담하는 관청이 따로 있어 도감을 설치하지 않은 경우도 있다.

의식을 마친 후에 도감이나 전담 관청에서는 의례 시행과 관련 논의들을 정리하여 의식의 의미를 밝히고, 구체적인 의식을 절차를 기록하고, 일을 처리하면서 오간 서류들을 재분류하여 정리하고, 의식의 의미를 가장 잘 드러내주는 그림도 덧붙여서 책을 만들었다. 조선시대에 관청에서 오간 공문서를 재정리하여 기록한 자료를 '등록'이라고 부르며, 의궤 또한 크게는 등록의 일종으로 볼 수도 있다. 현재 규장각이나 장서각에 소장된 의궤 중에서도 등록이라는 제목을 가지고 있는 의궤들이 있다.

담당 관청에서 정리하고 소장하는 일반적인 등록과 의궤가 가장 크게 다른 점이 있다면, 복본을 만들어서 비장한다는 점이다. 도감은 일을 마치면 해체가 되므로 의궤를 가장 필요로 하는 관청에 보관하여 다음에 유사한 의식을 행할 경우에 참고하도록 했다. 여러 관부 중에 예조는 가장 많은 의궤를 분상하는 곳이었다.

의궤는 예제를 시행하는데 참고자료로 삼는다는 실용적 목적 외에도 한 왕대의 예제 개혁의 주된 방향을 보여주는 정치적 의미를 지니고 있었다. 그 의미는 당대에 뿐만 아니라 후대에도 알려지고 기억되어야 했다. 때문에 왕실의 전례를 담당하는 예조 뿐 아니라 여러 곳의 사고에 나누어 보관하게 했고 왕이나 왕세자가 볼 수 있도록 어람용, 예람용의 의궤도 만들어 같은 행사에 여러 부의 복본을 만들었다. 비록 책에 수록된 내용은 동일하지만, 관부나 사고에 보관하는 일반 의궤보다 어람용 의궤들은 훨씬 정성을 다하여 만들었다. 표지의 장정도 종이의 품질도 좋을 뿐 아니라, 책 한 장 한 장에 그려진 붉은 인찰선, 도설에 그려진 작은 도구들이나 반차도에 그려진 수많은 인물들의 표현 등에서 신민들을 향한 왕조의 마음을 보여주는 기록으로서 왕에게 올려졌던 어람용 의궤에 담겨진 정성을 읽을 수 있다.

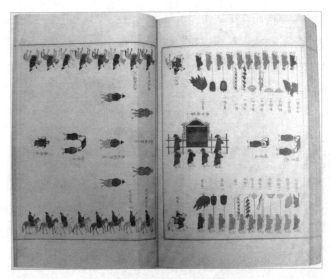

<그림 1> 어람용 의궤에 수록된 반차도

5. 어람용 의궤의 비장祕藏과 외규장각 의궤의 약탈

1782년 정조는 강화도 행궁 내에 외규장각을 설치하여 왕실의 주요 물품과 함께 어람용 의궤들을 외규장각으로 보냈다. 외규장각 옆에는 숙종의 어진과 영조의 어진을 봉안하고 제향을 올리는 진전인 장녕전長寧殿이 있었다. 강화도는 전란이 있을 경우 보장지지로서 의미가 부여된 곳이기도 했고 남한산성과 함께 외적에 맞서 싸우는 왕실의 기억을 보관하고 있는 곳이기도 했다. 정조가 외규장각을 설치한 이후 어람용 의궤들은 모두 이곳으로 옮겨졌고, 아예 '어람용御覽用'이라는 말 대신에 '규장각본奎章閣本'이라는 말이 사용되기도 했다.

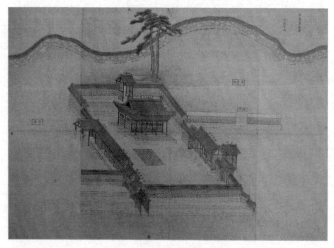

〈그림 2〉 강화도 외규장각

1866년 11월 11일 프랑스군은 강화도에서 물러나면서 강화부의 관아와 행궁, 외규장각 건물에 불을 질렀다. 이 때 외규장각에 소장되어 있던 자료는 모두 소실되었다. 다행히 1857년(철종8)에 작성된 『외규장각형지안』이 남아있어 당시 잃어버린 자료의 규모를 알 수 있다. 외규장각에는 의궤와 같은 책만이 아니라 왕실의 옥책, 금보, 교명, 옥보, 죽책, 옥인 등 왕의 상징물 25점과 어제, 어필 68점, 기타 족자 6점 등도 있었다. 의궤는 401종 667책이 기타도서는 666종 4,400책이 소장되어 있었다. 이 중에서 프랑스군은 도서 340책, 족자 1건, 천문도 족자 1건, 어필비문 족자 7점, 옥책과 함 6점을 약탈했다. 나머지 도서와 왕실의 보물들은 잿더미로 변해버렸다. 아이러니하게도 프랑스군이 다 태워버리지 않고 약탈해가고 프랑스 국립도서관에 보관해온 덕에 외규장각의 귀한 왕실자료가 남게 된 셈이다.

외규장각의 도서는 프랑스 국립도서관에 기증되었고, 중국본으로 분류되어 도서번호가 부여되었다. 1975년 박병선 박사가 발견할 당시에도 외규장각 도서들은 중국책으로 분류되고 책 표지가 상한 것이 많은 상태로 파손도서 창고에 들어가 있었다고 한다. 1978년 수리를 마친 외규장각 도서는 일반 열람이 시작되었고, 도서 분류도 한국책으로 바뀌어졌다.

6. 왕실의 통과의례와 의궤

조선시대 왕조 의례는 오례五禮의 영역으로 구분되었지

만, 현전하는 의궤의 많은 수는 책봉의식, 결혼식, 장례식 등 왕실의 통과의례를 기록하고 있다. 따라서 오례의 전 영역 걸친 의례 시행의 기록이 아니라 가례嘉禮와 흉례凶禮 분류에 편중되어 있는 것처럼 보인다.

탄생과 관련해서는 의궤가 없다. 왕비나 후궁이 회임을 하고 출산이 가까워지면 산실청이나 호산청이 설치되고 순조로운 출산과 산후조리를 돕게 되지만, 출산에 대한 여러 금기 때문에 탄생의 순간이 공개적으로 의례화 되지는 않았다. 가례家禮에서도 마찬가지이지만 조선시대에 인간의 탄생에서 죽음에 이르기까지의 전 과정에서 중시되는 순간은 현대의 관점과 차이가 있다. 가문의 일원으로서 개인에 관심을 기울이기 때문에 가문의 구성원으로서 책임을 다할 수 있는 성인으로서 공인받는 의식, 가문의 영속을 위한 혼례식, 가문과 내가 있게 한 친속의 상실에 애통 및 근원에 대한 감사와 경외로서의 상제례가 중요하게 여겨졌다. 유아사망률도 높았던 당시에 출생은 드러내놓고 기뻐하기에는 조심스러웠던 것도 탄생을 크게 경축하지 않았던 이유였다. 조선시대에 후계에 대한 승계는 '국본을 정하는 것[定國本]'이라고 일컬어졌는데, 후계자의 자격은 단지 왕의 피를 이은 것만으로 획득되지 않았다. 따라서 왕조의 지속을 위해 후계자가 태어나는 것은 출생의 순간이 아니라 후계자로 정해지는 '책봉'의 순간이다. 왕의 아들이라는 사실보다 더 중요한 것은 왕의 후계자가 되는 것이고 '세자'로서의 책봉의식이 가장 중요한 첫 번째 의례가 된다. 후계자를 공인하는 의례는 책봉의식 외에도 성인식으로서 관례의식이나 입학식도 있었는데 이는 별도의 도감을 설치하여 치르지는 않았다. 세자의 책봉의식은 『책례도감의궤』를 통해 그 자세한 내용을 볼 수 있다.

조선시대에 성인으로서 역할을 하기 위해서는 결혼을 하여 가정을 이뤄야 했다. 가문을 이어갈 책임을 다하기 위함이다. 책례에 이어 혼례식이 이어지는 것이다. 부부가 결합하여 한 가정을 이루는 것의 중요성은 조선시대에 그 어느 때보다도 강조되었다. 부부 사이의 '의합義合'을 친속의 결합 못지않게 중요하게 설정하여 사회적 안정의 가장 기초단위로서 가정이 기능할 수 있게 했다. 남편의 변덕에 의해 가정이 해체되지 않도록 하고, 남편[아버지]이 사망해도 남편의 가문이 보호자로서 책임지도록 하기 위함이었다. 조선시대의 가부장적 친족제도의 부정적 유산에 대한 비판이 많지만, 그 처음 도입의 이유는 해체된 가정을 안정적으로 복원하기 위함이었다. 혼례식은 부부간의 결합을 공식화하고, 신부가 새로운 가문의 일원이 됨을 명시적으로 보여주었다. 전통적인 장가가기의 방식을 바꿔 시집가는 결혼식을 국가적으로 추진했고 왕실은 모범을 보여야 하는 입장이었다. 신부의 집으로 가서 신부와 함께 신랑의 집으로 돌아오는 친영의식親迎儀式을 숙종대부터는 국왕도 시행했다. 우리는 영조와 정순왕후의 결혼식을 기록한『영조정순후가례도감의궤』에서 조선 최초로 국왕이 왕비와 함께 궁궐로 돌아오는 화려한 혼례 행렬 장면을 볼 수 있다.

조선시대 국왕의 즉위식은 선왕의 장례의식의 일부였다. 슬픈 장례식은 고려시대와 대비되는 조선의 특징이다. 새 왕이 즉위하여 새 정치를 알리는 경사스러움은 선왕의 죽음에 대한 애통보다 '정치적으로' 덜 중요하게 여겨졌다. 왕의 즉위식을 위한 별도의 도감 설치도 없었고 즉위식은 장례식을 주관하는 도감의 의궤에 사소하게 기록되어 있다. 조선에서 선왕이나 선후에 대한 장례식은 어떠한 즐거운 의례보다도 더 중요한 의미가 있었다. 세상을 떠난 아버지를 향한 슬픔을 남김없이 다하고, 사적 즐거움은 삼년상 이후로 유예되었다. 중국에서도 국가의 일을 수행하기 위해 날로 달을 바꾸는 역월易月의 상례 방식이 채택되었지만 조선에서는 일찍이 삼년상의 의미를 최대한 수용하는 방식으로 국장을 거행했다. 타인을 향한 연대의 마음을 가장 쉬운 관계로부터 확장해가도록 한 유교문화 속에서 부모에 대한 애통과 그 마음을 표현하는 장례의식이야말로 정치가에게 필수적으로 요구되는 이타적 마음이 가장 잘 표현되는 장이었다. 장례를 위해 국장도감, 빈전도감, 혼전도감, 산릉도감이 설치되었고 삼년상을 마친 후 종묘에 신주를 모시는 부묘도감까지 다섯 종류의 도감이 활동했고 의궤를 남겼다.

7. 18세기, 왕조 전통의 재확인과 의궤

조선시대 종묘 제사는 길례吉禮 중에서도 가장 중요한 제사인 대사大祀에 속했다. 종묘 대제를 국왕이 직접 행할 때의 의주 등이 『국조오례의』에 수록되어 있다. 그러나 실제 종묘 제사를 국왕이 직접 행한 일은 숙종대 이전까지는 그리 많지 않았다. 숙종대에는 종묘 대제를 친향하는 사례가 늘고, 종묘에 정기적으로 찾아가 절하고 봉심하는 전알례의 규정이 마련되었다. 국왕의 종묘 친행의례를 정비해가면서, 왕세자가 결혼식을 마친 후 알묘하는 의식[謁廟禮], 중전과 세자빈의 묘현하는 의식[廟見禮]도 처음으로 시행했다. 또한 여러 차례 개조, 수리하는 과정에서 흐트러진 종묘 제도를 조사하여 통일적인 체제를 만드는 데에도 관심을 기울였다. 이렇게 정비된 제도들을 『종묘의궤』에 남김없이 기록해서 전범이 되도록 했다.

종묘 제향을 국왕이 직접 올리는 일도 중요했지만, 종묘에 마땅히 모시고 국가적으로 기념해야 할 대상을 정리하는 일에도 관심을 기울였다. 17세기 중반에서 18세기 초에 걸쳐 정종에게 묘호를, 태조와 태종에게 시호를 더해준 일이나 신덕왕후神德王后, 단종端宗과 단종비, 중종비中宗妃 등을 복위하는 등 종묘에 대한 일체 정비에 들어갔다. 조선시대판 역사 바로세우기 작업이 이루어진 것이다. 현재 정치 권력에 의해 폐위되거나 제대로 종묘에 모셔지지 않았던 왕실 선조들을 제대로 복권시키고, 정당한 역사적 평가를 담은 이름을 부여함으로써 종묘의 위상을 제고하고자 했다. 이러한 종묘의 정비작업과 함께 왕이 직접 종묘에 참배하고 제향을 올리는 의례가 정기적으로 거행되면서 종묘는 왕조의 가장 중요한 기억의 공간으로 자리 잡을 수 있었다. 현전하는 '시호도감의궤', '묘호도감의궤', '추숭도감의궤' 등은 바로 이러한 왕조 역사 재정비 작업과 연관된 자료들이다.

사직은 왕조가 터전한 토지와 인민의 안녕을 기원하는 장소이다. 자연 재해나 전쟁이 일어나지 않고 곡식이 잘 여물어 백성들의 경제가 안정되도록 하는 것이 통치자의 책임이며, 사직은 그러한 책임을 상징적으로 구현한 제향 장소이다. 물론 도성 주변에는 풍운뇌우단, 산천단, 우사단 등과 같이 전통적으로 민생을 돌보아준다고 여겨지는 신격에 대한 제향 공간이 더 있었고, 그 곳들도 기양의례의 중요한 장소가 되었지만 가장 중요한 장소는 역시 사직이었다. 사직에서는 일 년에 다섯 차례의 대제가 있었지만 국왕이 직접 제향을 올리는 경우는 거의 없었고, 제향을 올리기 전 향과 축문을 전하는 일도 국왕의 손을 거치지 않았다. 그렇다고 국왕이 사직에 전혀 거둥하지 않은 것은 아니다. 사직을 찾은 것은 주로 기우제를 지내기 위해서였다. 재해가 있을 때 올리는 기양의례만이 중요했을 뿐 평상시 사직제의를 통해 민생에 대한 책임을 상기하는 일을 중시하지 않았던 것이다.

사직제의 역시 숙종대 이후로 재정비되고 중시되었다. 우선 국조 전례에 없었던 사직 기곡제를 새로 신설했다. 잇달은 기근으로 민생이 도탄에 빠졌던 시기에 천자만이 지내는 의례였던 기곡제를 사직에서 지내기로 하고 기곡친제를 올린 것이다. 또 매년 정월에 사직 기곡제를 대신을 보내어 섭행하도록 하여 민의 먹고 사는 문제에 대한 국가의 책임의식을 표명했다. 한편 사직 기곡친제는 영조대부터 정례화 되었다. 정조는 매년 정월에 직접 기곡제를 지내 민생을 안정을 위해 노력하는 왕의 모습을 부각시켰다. 이 과정에서의 사직 제도와 의례의 정비는 『사직서의궤』에 수록되었다.

종묘나 사직 외에도 국왕의 초상화를 봉안하고 제향을 올리는 진전도 숙종대에서 영조대에 이르는 동안에 일제히 재정비되었다. 조선후기에 국왕의 초상화를 공식적으로 다시 그린 왕이 숙종이고 이미 존재하던 태조, 세조 등 선왕의 초상화를 종묘가 아닌 다른 전각에 모시고 제사를 올렸다. 이 제사공간인 진전眞殿은 종묘에 버금가는 왕실의 기념공간으로 자리 잡았다. 조선시대 왕의 초상화를 어떤 절차를 거쳐 그렸는지, 초상화는 어떻게 특별하게 취급되었는지 영정모사도감의궤 혹은 어진도사도감의궤 등을 통해 상세한 정보를 얻을 수 있다.

18세기에는 통과의례나 종묘, 사직, 진전에의 제향 외에도 왕의 진정한 '권위'를 만들기 위해 새로운 ─전혀 새롭다기보다 새롭게 의미를 부여해 재발견한─ 의식들이 거행된다. 친경의례, 친잠의례, 대사례 등은 조선 전기 여러 왕들이 시행했던 의식들이지만 18세기 당시에는 오랫동안 중단된 의식들이었다. 국가의 기간 산업인 농업과 양잠을 격려하기 위한 의식을 행하고, 성균관에서의 활쏘기 의식을 통해 왕조가 진정한 문무를 겸비한 인재를 희구하고 있음을 보이는 일은 조선이라는 가치지향적 국가를 근본에서부터 튼튼히 하는 행위였다.

또한 18세기 동안의 이러한 왕조의 행사와 의례에 있어서의 변화는 이 시기 국왕을 중심으로 추진해왔던 국가체제 정비의 방향설정과 관련해 매우 중요한 의미를 가지고 있었다. 조선은 백성에 대한 책임의식[公]을 자기의 이해관계[私]보다 우선할 수 있는 도덕적 자질을 가장 중요한 정치적 자질로 상정했고, 이를 토대로 중앙과 지방에 공히 사적 이해관계 보다 공적 조화를 중시하는 정치적 문화를 구현하는 것을 정치의 목표로 삼아왔다. 공과 사를 바르게 선택하는 처사處事와 시비의 기준[義理]은 명문화된 것이 아니라 이상적 전범에 대한 독서와 숙고, 토론을 거쳐 형성되는 것이었고, 이를 통해 의리를 가를 수 있는 능력을 가진 이들이야말로 조선 정치를 이끌 수 있었다.

조선의 국가 의례는 이러한 내면의 의리를 외화外化시킨 것이었다. 건국 이래 조선이 지향했던 목표와 조선의 현실이 괴리를 보이면서, 중앙과 지방에서 모두 사적인 이해관계를 공공의 정의에 앞세우고 있었을 때, 사적 이익을 위해 움직이는 지배층[士]의 자성을 촉구하고, 의리의 기준을 다시 일깨우면서 전체 인민의 공존의 원리[公理]가 우선되는 정치에의 지향을 분명하게 보이기 위해 의례의 내용을 재조정해갔다. '국전의 회복', '법조종法朝宗'이라는 기치를 내걸고 행해진 의례의 재편은, 단순히 과거 전통의 권위를 빌

려 온다거나 복고적이고 구태의연한 방식을 답습하는 것이
아니라 조선의 건국이래 왕조가 지향한 가치를 재확인하고,
다시 18세기의 현실 속에서 그 가치를 실현하고자 하는 의
지를 천명한 것이었다.

18세기 시행되는 의례의 종류도 많아지고 빈도도 많아지
는 한편 통상적으로 시행되는 반복적인 의례 시행의 비용
을 줄이고자 하는 노력도 두드러졌다. 영조가 국혼정례나
상례보편을 통해 왕실 혼례식이나 장례식에서 부화스러움
을 없앤 일은 잘 알려진 사례이다. 정조도 사도세자의 묘소
를 옮기고 행행하면서 비용을 줄일 수 있는 방법을 최대한
강구했고, 그 효율적인 관리의 방식까지도 의궤에 세세히
기록하여 '실지상의 효과'를 후대와 공유하고자 했다.

8. 19세기, 화려해진 왕실의례

현전하는 의궤 중 영조대 이후의 것이 전체의 73%이다.
왕대별로는 영조대 137종, 정조대 47종, 순조대 66종, 헌종
대 31종, 철종대 54종이다.[1] 재위년 대비 의례 시행 빈도는

---

1) 한영우, 「조선시대 의궤편찬과 현전 의궤 조사연구」, 『규장각소장의궤종합목록』,
2000, 20쪽.

영조대 2.63회, 정조대 1.75회, 순조대 1.94회, 헌종대 2.06
회, 철종대 3.85회로 19세기 전반기가 18세기에 비해 현저
한 차이를 보이지 않으며 오히려 철종대는 조선후기 의례
시행상 가장 다채로운 변화를 보여주는 영조대보다도 더
많은 빈도를 보이고 있음을 알 수 있다.

그러나 거행된 의례의 내용상으로는 18세기 동안 조선
정치의 이상적 목표 천명과 관련되어 혁신적으로 변화되어
온 역동성과 일관된 방향성을 찾기 어렵게 되었다. 특히 천
릉, 존숭·존호, 진연·진찬 관련 의례들은 각 시기별로 특별
한 정치적 목표를 가지고 거행된 의례들의 기록을 통해 왕
조의 중흥이라는 의지에서 멀어진 이 시기 의례의 특징을
볼 수 있다.

현전 의궤 가운데 19세기 의궤에서는 민생 관련 특별 의
례들과 관련된 기록은 보이지 않고 존숭·존호, 진연·진찬
등 왕실의 어머니를 위한 의례가 두드러진다. 순조대 존호
의례 관련 의궤는 대왕대비·왕대비에 대해 존호를 올리는
의궤가 3건이고 1건은 순조와 순원왕후에게 존호를 올리는
의식을 기록한 것이다. 헌종대에는 효명세자孝明世子를 익종
翼宗으로 추숭하는 의식을 기록한 의궤, 순조와 익종에게 존
호를 추상하는 의궤 2건이 있고 나머지 3건은 순원왕후純元
王后와 신정왕후神貞王后에게 존호를 올리는 의식을 기록한

것이다. 철종대에는 동왕 2년에 순원후·신정후·효정후에게 존호를 올렸고, 3년에는 순원왕후, 4년에는 순조와 순원왕후 및 익종과 헌종에게 존호를 올렸다. 동왕 6년에는 장헌세자와 혜빈에게 존호를 올렸고, 8년에는 순조를 세실世室로 받들고 시호를 바꿔 올리고 순원왕후에게 존호를 더했다. 9년에는 순원왕후, 10년에는 신정후 및 효정후, 12년에는 순조와 순원왕후, 14년에는 왕과 왕비, 신정후, 효정후에게 존호를 올렸다. 이러한 존숭의례 또한 치적과 공로에 대한 명백한 평가 없이 왕실의 어른이나 혈친에게 이름을 더해주는 데에서 그치고 있다.

의식의 구체적인 내용에서도 의례 자체의 공공성을 부각시키기 위해 더 검소하고 절약하는 면모를 보였던 18세기와는 달리 시각적 화려함이나 규모의 성대함이 두드러졌다. 예를 들어 잔치의 경우에도 18세기의 잔치가 외연 혹은 외연과 내연 등으로 국한되었던 데 비해 19세기에 들어와 1828년 진작의례 이후로 야연夜宴과 다음날의 회작會爵이 반드시 포함되게 되어 더욱 성대하고 화려해지게 된다. 시각적인 화려함을 과시하는 분위기 속에서 절제로서 위엄을 보이는 18세기의 왕실 문화의 전통은 점차 사라져 갔음을 알 수 있다.

9. 맺음말

현재 우리에게 남겨진, 오랜 세월을 거쳐 우리 품안으로 다시 돌아온 의궤는 단지 세련되게 잘 만들어지고, 자세하게 옛날의 일을 생생하게 전해주는 책이 아니라, 보다 나은 정치공동체를 만들기 위해 조선시대인들이 어떤 고민들을 했고, 주어진 환경 속에서 어떻게 노력해왔는지를 보여주는 책이다. 제도를 운용하는 사람들의 마음을 바꾸지 않으면 어떤 좋은 제도도 성공할 수 없다는 역사의 가르침을 토대로 하여, 염치를 알고 절제하고 양보하는 사람들의 사회로, 문화를 바꾸고자 기획했던 조선시대인들. 그들의 이상과 마음을 문화적 형식에 담아 천명했던 조선의 왕조 의례. 그 구체적 실천의 기록이 의궤인 것이다. 그 책에 담겨진 고민과 조금이라도 공감할 수 있다면, 그 책이 프랑스에 있든 용산에 있든 무슨 상관이 있을까. 또 그 마음을 조금도 공감하지도 이해하지도 못한다면 그 책이 내 손 안에 있다 해도 무슨 소용이 있을까 싶다.

강유위康有爲의 대동서大同書』
: 모든 경계의 소멸과 새로운
인류사에 대한 소묘

차태근

고려대학교 중문과를 졸업하고 베이징 사범대학에서 중국근대문화사상연구로 박사학위를 받았다. 고려대 중국학 연구소, 성균관대학교 동아시아학술원을 거쳐 지금은 인하대학교 중국학과에 재직하고 있으며, 중국근현대 학술사상과 동서학술교류에 대해 연구를 진행 중이다. 주요논문으로는 「수: 제국의 산술과 근대적 사유방법」, 「서구 대중국인식의 세기적 전환: 마카트니 사절단을 중심으로」 등과 공저로 『문예공론장의 형성과 동아시아』 등이 있다.

강유위康有爲의 『대동서大同書』

: 모든 경계의 소멸과 새로운 인류사에 대한 소묘

1. 세계질서의 재편과 유가 보편주의의 위기

19세기는 동아시아에게 있어 충격의 세기였다. 이미 1세기 반이 지난 지금 이러한 말을 하는 것은 너무 상식적이고 진부한 표현처럼 들릴 것이다. 이 충격의 근원은 물론 서구이다. 그러나 서구에서 일반적으로 말하는 의미에서의 그런 충격, 즉 우월하고 보편적인 서구문명에 의한 후진적이고 폐쇄적인 동아시아 문명에 대한 충격을 말하는 것은 아니다. 여기서 말하는 충격은 문명의 발전에 있어서, 근대세계의 형성과정에서 어느 누구에게나 불가피한 그런 충격이다. 이는 세계에 대한 의식의 확장, 다시 말해 세계의 확장으로 인해 자신의 위치와 의미를 재조정하고, 재구성해야 하는 상황에 처할 때 일반적으로 겪는 충격이다.

단순히 기존 세계의 확장이 아니라 자신의 세계로 포괄할 수 없는 세계가 출현했을 때 우선적으로 예상할 수 있는 반응은 낯선 세계로부터 자신의 세계의 보호의식이라고 할 수 있다. 그러나 이 보호의식은 어디까지나 그 외부의 낯선 세계를 배타적으로 무시할 수 있다고 여기거나 무시해도 무방할 정도로 무가치하다고 판단될 경우에나 가능하다. 일단 상황이 그러한 조건을 넘어서서 그 낯선 세계가 자신의 세계의 내부로 들어와 있거나 그 세계가 무시할 수 없을 정도의 가치를 지닌 것으로 판명되면 1차적인 자기보호의식은 자신에 대한 회의의식으로 전환하게 된다. 이것은 곧 인간의 삶이 그 일부로서 자리 잡고 있는 세계자체에 변화가 발생했음을 의미한다. 따라서 이제 그 새로운 세계에 대한 새로운 이해방식 및 그것과 인간 사회의 관계에 대한 새로운 조정이 요구된다.

동양과 서양의 접촉의 역사는 19세기 훨씬 이전으로 거슬러 올라가지만, 그러한 접촉으로 인한 동아시아에서의 세계의 상과 이해방식에 근본적인 변화를 준 것은 19세기에 와서이다. 특히 아편전쟁이후 중국의 남동부의 주변을 오가던 서구세계가 19세기 중반 이후 중국의 내부에까지 세력을 확장하여 서구세계 및 그 문명이 중국의 문명 내에 일정한 지위를 요구하게 되었다. 뿐만 아니라 국제법과 새로운 외교관계와 경제 교류방식 등 다양한 측면에서 중국에 전례 없는 제도의 수용을 요구하였다. 이러한 새로운 제도의 수용요구는 단순히 기존 제도에 몇 가지 추가적인 적용을 의미하는 것이 아니라 개인에서 국가의 행위 전체를 포괄하는 기존의 전통적인 예의질서 시스템 자체의 변화를 요구하는 것이었다.

세계는 변화하였다. 그에 따라 세계에 대한 이해와 대응방식도 변화해야 했다. 당시 세계의 변화는 처음 군사적 우위를 앞세운 서구의 동아시아 세계 내부로의 진출에 따른 것이지만, 그렇다고 그에 대한 대응방식도 단순히 군사적 차원이나 그와 직접 연관된 정치·경제적 차원에서 머물 수는 없었다. 물론 서구의 군사적 무기 제조술이나 일부 제도적 보완으로 변화하는 세계에 대응하고자 하는 주장이 다수 존재하기는 했지만, 그러한 주장이 세계의 변화를 얼마나 안이하게 인식하고 있었는지는 얼마 후 곧 청일전쟁의 패배를 통해서 드러났다. 그리고 곧 많은 지식인들은 점차 중국의 전통적인 유가보편주의의 가치체계의 위기내지 조정의 필요성을 강하게 인식하기 시작하였다. 즉 적극적인 방식을 통해 서구문명에 의해 제기된 문제를 천착하여 세계의 의미를 재구성하려는 시도가 이루어졌는데, 그 대표

적인 경우가 바로 19세기 말~20세기 초 중국의 대표적인
정치가이자 사상가인 강유위康有爲이다.

〈그림 1〉 강유위(1858~1927)

강유위(1858~1927, 자는 광하廣夏, 호는 장소長素)는 광동 남해
南海현 출신으로 일찍이 상해와 홍콩 등을 통해 서구문물을
접하고 중국의 변법을 추구하였다. 1888년 과거시험을 위
해 북경에 상경했다가 낙방 후, 개혁에 대한 견해를 작성하
여 황제의 측근인 옹동화翁同龢에게 올리기도 했지만 성과
가 없자 고향으로 돌아와 만목초당을 열고 강학활동을 시
작하였는데, 이때 광동에서 수재로 알려진 진천추陳千秋와

양계초梁啓超가 와서 수학을 하면서 강유위의 강학활동과 정치활동에 참여하였다.

이 과정에서 강유위는 개혁사상의 이론적 근거를 마련하기 위해 공자사상을 재해석하는 작업을 진행하면서, 금문경학의 입장에서 공자의 정치개혁가로서의 면모를 부각시켰다. 그가 자신의 호를 '장소長素'라 한 것도 바로 개혁가적인 공자의 뜻을 더욱 발전시키고 실천에 옮기고자 하는 의미였다. 이러한 개혁가적인 공자의 상은 당시 중국 경학의 주류였던 고문경학과는 다른 것이었다. 따라서 그는 공자를 역사가로서, 중국의 문화와 제도의 전승자로서의 이미지를 강조하는 고문경학을 비판하고, 공자의 탁고개제託故改制의 변혁론자로서의 이미지를 부각시키기 위해 각각 『신학위경고新學僞經考』(1891)와 『공자개제고孔子改制考』(1897)를 발표하였다. 이와 동시에 청일전쟁의 패배로 중국의 위기가 심화되자, 광서제光緒帝에 의해 발탁되어 과거제 개혁, 의회제 도입, 신학당 건설 등 다방면에 걸친 변법자강운동을 전개하였다. 그러나 이러한 정치개혁활동은 무술년(1898년) 서태후에 의한 정변으로 실패로 귀결되었으며, 강유위 역시 양계초등과 더불어 일본으로 망명하였고, 그 후 일본, 구미들의 화교를 중심으로 광서제의 복위와 입헌제 실시를 핵심으로 한 보황회를 조직하여 활동하였다.

〈그림 2〉 고문경학 위조설을 주장하는 『신학위경고』

그러나 여기서 주목할 것은 그의 정치활동이 아니라 바로 그의 문명론과 정치사상을 담고 있는 『대동서大同書』이다. 이 저서는 제목에서 알 수 있듯이 대동사상을 전개하고 있는데, 그렇다고 단순한 이상주의적인 미래 예언서는 아니다. 거기에는 일종의 문명발전에 관한 사유와 더불어 당시의 정치개혁 사상을 담고 있다. 강유위의 대동사상에 대한 구상은 1880년대 초반부터 시작되어 1902년 해외 망명 중 인도에서 기본적인 내용을 완성하였으며, 그 후에도 끊임없는 수정과정을 거쳐 최종 완성본은 그가 1927년 사망하고 나서 1935년 그의 제자 전정안錢定安에 의해 중화서국中華書局에서 출판되었다. 따라서『대동서』에는 그가 망명하면서 방문하고 유람했던 세계 각지의 문화와 풍속, 제도에 대한 관찰내용이 포함되어 있으며, 몸소 체험한 세계의 변화에 대한 감각이 반영되어 있다.

그러나 강유위는 자기 생전에 그 저서를 적극적으로 출판할 계획이 없었다. 물론 일부내용은 이미 1901년 양계초의「남해강선생전南海康先生傳」(『청의보(淸議報)』제100호, 1901.12)과 1913년『불인不忍』잡지 및 1919년 단행본『대동서』(상해, 장흥서국長興書局)에서 소개되었지만, 그는 자신의 역사철학과 문명관, 그리고 정치개혁사상을 포괄적으로 담고 있는 그 저서가 당시에 자신의 정치적 주장을 부정하는 근거가 될 수 있을 뿐만 아니라 당시는 그의 궁극적인 이상을 논할 단계가 아니라고 보았다. 즉 1911년 신해혁명 전후로 그는 줄곧 입헌군주제를 주창하였는데,『대동서』에서는 군주제 단계에서 궁극적으로는 공화제로 나아가야 한다고 주장하고 있다. 즉 그의 대동세계는 바로 공화가 철저하게 이루어진 세계이다. 그러나『대동서』의 중요한 의미는 무엇보다도 그것이 새로운 세계질서의 재편과정에서 위기에 처한 유학의 보편주의를 대체할 수 있는 새로운 보편적 가치를 역사철학적 방식을 통해 재구성하려 하였다는 점에 있다.

2. 전 인류의 공법인 만민법의 기획

『대동서』는 앞서 말한 19세기 이래 서구의 충격에 대한 중국인의 적극적인 이해방식을 보여준다. 이때 충격이란 서구의 물리적인 침략보다도 중국 이외의 고도의 문명권의 존재였다. 그것은 세계에 대한 인식과 감각을 확장시켜 주었을 뿐만 아니라 중국 혹은 동아시아 문명에 대한 적극적인 타자로서의 새로운 문명권을 승인하고 스스로를 상대화할 것을 요구했다. 이는 단순히 '쇄국에서 개방으로'의 요구가 아니라 보편적 가치에 대한 재조정을 의미함과 동시에 '보편'에 대한 새로운 인식을 의미했다. 즉 지금까지 유가적 가치의 보편성에 기반하여 중국과 동아시아의 문명이 존속해 왔지만, 유가사상이 향후에도 보편적 가치로서의 지위를 유지하기 위해서는 훨씬 더 많은 타자의 세계와 문명을 수용할 수 있어야 했다. 그리고 타자 세계에서 승인한 보편적 가치를 어떻게 해석하고 처리할 것인가 하는 문제가 제기되었다.

이러한 측면에서 19세기 충격은 바로 서구문명이 보편적 가치로서의 유가사상에 던지는 질의와 문제제기에 다름 아니었다. 즉 유가는 서구문명 앞에서 자신의 보편성을 새롭게 입증해 보일 것을 요구받은 것이다. 이러한 지적인 충격은 17세기 서구 지식인이 중국과 동아시아의 문명을 접하면서 겪었던 경험과 유사한 것이었다. 당시 서구는 중국 및 동아시아의 문명사상을 자신의 내부개혁을 위한 이념적 근거로 활용하였는데, 17~18세기 서구 지식인의 보편주의 성향은 바로 서구 이외의 문명세계에 대한 승인과 그로 인한 자신문명에 대한 상대화의 결과였다. 19세기 서구문명에 의한 중국지식인의 충격 또한 거부하거나 부정할 수 없는 중국문명에 필적하는, 그리고 어떤 방면에서는 중국문명보다 훨씬 이상적인 가치에 접근해 있는 문명에 의해 촉발되었다.

따라서 문제는 그에 대한 거부여부가 아니라 어떻게 대할 것인가? 또는 어떻게 이해할 것인가 하는 것이었다. 이 문제는 뒤집으면 바로 중국의 전통적 가치를 어떻게 볼 것인가 하는 것이었다. 이러한 질문에 직면하여 강유위가 먼저 시도한 것은 바로 유가의 보편적 가치와 질서를 재구성하는 것이었다. 다만 이때 보편적 가치는 동서양의 가치를 넘어서 새로운 기준위에 세워져야 했다. 강유위는 그 기준을 중국의 전통적인 자연적 본성/욕구개념과 서구의 자연법에서 차용해 왔다. 이를 가장 잘 보여주는 것은 바로『실리공법전서實理公法全書』(1880년대)인데, 여기에는 강유위가 새로운 시세의 변화에 맞추어 수립하려한 제도와 규범,『대동서』사유의 초기단계가 잘 나타나 있다.

〈그림 3〉 1890년대 강유위가 귀향하여 강학을 한 만목초당(萬木草堂)

강유위는 모든 가치를 확실한 토대위에 두려는 노력을 하면서 우선 인간이 피할 수 없는 자연적 성격에 일정한 합법성을 부여하고 그러한 합법적 권리를 보호하려 하였다. 즉 그는 모든 인위적 규범을 가로에 넣고, 인간의 권리를 일종의 확실한 기초로부터 추론해내면서 그에 어긋나는 제반 규범을 비판하였다. 즉 실리實理에 근거하여 가치 규범을 세우려 하였는데, 이때 실리는 자연법칙과 함께 역사적 실제 관례, 그리고 기하원리와 같은 불변의 공리를 포함하고 있다. 즉 자연적 실리와 역사적 사실, 그리고 기하학적 실리를 모두 아우르고 있는 것이다. 이중에서 역사적 실리는 실제적 사실과 사례로부터 일정한 유용한 이치를 추론함을 말한다. 그러나 그는 인간이 필요로 하는 모든 가치와 규범을 이러한 실리로부터 추론할 수 있다고 보지 않았다.

그는 인간이 지켜야할 규범과 합리적 제도를 그는 공법公法으로 규정하였는데, 공법은 모두 실리로부터 추론되는 것이 아니라 대부분은 공론公論을 통한 성문법적인 성격에 기초해 있다. 따라서 그의 공법은 단순히 자연법적인 것도 아니고 그렇다고 전적으로 인위적인 것도 아니다. 구성 원리로부터 보면 자연법에 기초를 하되, 그것으로 안 되는 것은 인위적인 공론에 근거하여 제정하는 것을 원칙으로 하는데, 실제내용을 보면 자연법적인 것에 근거한 것 보다는 공론에 의한 인위적인 것이 더 많다. 특히 그는 자연법적인 것에 근거해 있지만, 그것이 곧 바로 시대를 초월하여 바로 적용되어야 하는 것으로 간주하지 않았다. 그리고 그러한 공법에 따라 모든 인류를 동시에 개조해야 한다고 보지도 않았다. 공법은 그것이 실리에 근거해 있을지라도 그것의 실행여부는 전적으로 시대적 추세[時勢]와 그 지역의 독특한 조건에 따라 결정된다. 그러나 그는 이러한 상대성과 특수성은 인정하지만, 인류는 보편적인 동일한 가치목표를 지향해야 한다는 신념을 가지고 있었다. 이러한 신념의 근거에는 바로 당시 새로운 변화의 추세趨勢는 바로 세계의 각기 다양한 지리적, 환경적, 역사적 조건을 극복하고 하나의 '지구촌'을 형성하고 있다는 인식이 자리 잡고 있다. 서구의 근대문명이 지닌 의미는 그것 자체의 규범과 제도보다도 바로 이러한 조건을 가능케 하는 기술적 진보에 있다고 본 것이다. 따라서 그의 대동이념은 단순히 전통적인 대동이상을 구현한 것이 아니라, 바로 이러한 새로운 변화추세, 즉 세계화라는 조건 속에서 인류의 새로운 문명모델을 수립하려 한 것이다. 그것이 얼마나 공상적이고 또 서구의 제국주의, 특히 인종주의적 색채가 침윤되어있다 하더라도, 강유위는 물질적 문명의 진보와 평등한, 즉 모든 경계를 허문 새로운 사회의 가능성을 글로벌화라는 새로운 역사적 조건 속에 인류가 지향해야 할 이념으로 제시하고자 하였다.

　한편 여기서 주목할 것은 강유위가 제시한 대동의 유토피아는 근대적 프로젝트가 아니라는 것이다. 그는 분명히 근대에는 완전한 평등이란 실현되기 어렵다고 인식하고 있다. 완전한 민주주의, 무차별의 사회, 세계의 하나 됨은 근대사회라는 긴 터널을 통과하고 난 이후의 사회인 것이다. 즉 강유위는 당시 서구문명을 문명발전의 또 하나의 중간단계로 인식하고 있었고, 그 사회는 자연법적이라기보다는 인위적인 사회라고 보았다. 즉 모든 가치와 제도는 인성의 자연적 기초에 근거해 있다기보다는 여전히 시간적 지리적 제약을 받고 있었고, 순자연적이라기보다는 역자연적인 사회라고 인식하고 있었다. 즉 물질적으로 정신적으로 모두 인류에게는 일정한 절제와 제한이 요구되는 사회이다. 따라서 일정한 차별을 전제로 구성될 수밖에 없다. 그러나 '포스트 근대'는 바로 여러 방면에서 이러한 차별을 없애고 순자연적이고 인간의 자연적 인성에 기반한 사회가 가능한데, 이러한 사회는 인간의 사회적 통합이나 정신적 안위를 위한 어떤 종교도 필요하지 않는 포스트 종교의 사회이며, 정신과 육체마저 하나로 통합되는 도교적 사회이다. 즉 정신적 행복을 위한 육체적 행복을 일정정도 제약하는 것이 아니라 육체적 행복, 그것의 최대 핵심은 불사不死의 욕망인데, 그러한 행복에 대한 추구가 인간의 주요 관심사가 되는 사회인 것이다. 따라서 강유위는 구미사회나 중국에 막 도래하고 있는 근대사회를 여전히 차별과 인위의 사회이며, 이는 이후 무차별과 순자연적 사회로 발전해 간다고 보았다. 다시 말하면 공법과 자연법이 일치되는 그런 사회인 것이다.

3. 탈고통을 통한 최대 행복원칙: 공리주의

『실리공법전서實理公法全書』가 실리와 공리에 따라서 『만국공법』(즉 『국제법』)과 같은 인류의 보편적인 규범을 수립하려 하였다면, 『대동서』는 그러한 보편적 규범이 지향해야 할 방향과 가능한 실천적 경로를 보여주고자 하였다. 여기서 지향할 방향은 인간 누구나 추구하는 행복에 기반한 최대 다수의 최대 행복이라고 할 수 있다. 더 정확히 말하면 반 '인륜'적 성향을 지닌 극단적 소수를 제외한 만인 혹은 전인류의 행복이라고 할 수 있다.

인류의 보편적인 지향으로서 행복을 제기한 것은 일면 상식적이고 표상적임과 동시에 너무 막연한 추상적인 것이라고 할 있다. 그러나 강유위는 이를 인간의 기본 욕망으로부터 도출해내고 있으며, 또 그 욕망을 억압하는 제반의 사회적이고 인륜적 제도를 제거하는 소극적인 방법을 통해 구체적으로 설명하고 있다. 즉 인류의 행복은 '탈고통'이라는 관점에서 보고 있는 것이다. 이는 고통으로부터의 해탈을 추구하는 불교의 논리와 유사하지만, 그는 욕망을 부정하는 불교와는 달리 인간의 욕망을 적극적으로 지지하면서 만인의 최대한의 욕망충족을 행복과 연계시키고 있다. 따라서 그의 탈고통은 인간의 욕망과 현세에 대한 강한 긍정에 기반 해 있는 만큼, 종교와 같이 단 하나의 원리적인 방식으로 해결할 수 있는 것이 아니다. 일단 그 고통 전체를 포괄하기도 어렵거니와 그 벗어나는 방식 역시 기존의 인류을 새로운 인류관계로 대체해야 하는, 일종의 제도 개혁과 창시라는 적극적인 대안이 요구된다.

그는 비록 불완전하기 하지만 인간의 고통을 태생과 관련된 고통, 천재지변으로 인한 고통, 인생의 불행으로 인한 고통, 통치에 의한 고통, 인간의 의식과 심리적 요인에 의한 고통, 그리고 귀인과 성인의 불가피한 고통으로 분류하고 있다. 마지막 성인聖人들의 고통을 거론한 것은 모든 고통을 망라하기 위한 수사적 의미로 보이지만, 실제로 그의 대동세계의 궁극적 지향점은 인류에 머물지 않고 모든 생명계와 삼라만상의 존재물의 고통의 유전까지 포함하고 있다. 그러나 이상의 고통에 대한 분류는 그것을 거칠게 유별하는 정도에 머물고 있어 그 고통을 해결할 구체적 방법까지 고려하지는 못하고 있다. 이에 강유위는 다시 고통의 궁극적인 원인을 차별과 분리에서 나온다고 보고, 그 차별과 분리를 9개의 차원으로 다시 정리하는데, 생물계의 분리에서 오는 유계類界와 고통의 연속인 고계苦界를 제외하면 당시 인간사회의 가장 큰 대립적 요소와 연계되어 있을 뿐만 아니라 당시 국제적 갈등의 제반요인들과 직접적으로 연관

있는 문제점을 제시하고 있다. 즉 그가 중요하게 보는 인류의 근본적 차별은 국가 간의 구별[國界], 신분 간의 차별[級界], 인종 간의 차별[種界], 성별 간의 차별[形界], 가족 간의 구분[家界], 직업 간의 차별[業界], 그리고 불평등과 불공정, 불소통의 법에 의한 차별[亂界]이다. 이러한 분류는 당시 가장 중요한 문제였던 민족의 문제가 국가 간의 구별과 인종의 구별 속에서 부분적으로 언급될 뿐 별도로 제기되지 않은 점을 제외하면 당시 국제사회 분쟁의 중요사안을 포괄하고 있다고 볼 수 있다.

그러나 여기서 주목할 것은 신분과 인종, 성별, 직업별 구분내지 차별은 이후 역사의 여권 및 인권운동과 인종차별 철폐, 그리고 사회주의 실천을 통해 정식적인 사회운동의 의제로 제기되어 왔다. 그러나 국가 간의 구별과 가족 간의 구별은 인간 사회의 기본 조직으로서 인류의 전체 생존 및 생활방식과 연관되어 있다는 점에서 매우 지난한 과제이다. 물론 국가의 경계 철폐는 아나키스트 등의 운동을 통해 꾸준히 문제로서 제기되기는 했지만, 19세기 이후 민족-국민국가의 강화 추세에서 보여주듯이 강유위의 시대에서는 그야말로 유토피아적인 사고였다. 뿐만 아니라 가족 간의 구분의 철폐는 인류사를 전후로 획하는, 즉 새로운 후기인류시대를 개창하는 의미를 지닌 혁명적인 사고였다.

그런 의미에서 여러 차별과 구분 중에서도 국가의 경계 철폐 및 해체와 가족의 해체는 강유위 대동세계의 핵심을 이룬다고 할 수 있다.

4. 가족 해체와 세계시민[天民]의 양성

강유위가 가족의 해체를 주장하는 데는 가족제도야 말로 수많은 인류사회의 불평등과 차별, 억압의 원인이라고 보기 때문이다. 그는 가족제도로 인한 가장 큰 폐해로 인간을 이기적으로 만드는 것이라 보았다. 즉 가정이 있음으로 인해 처자만을 위하는 마음이 자연스럽게 형성되며, 그 결과 이기적이게 되고 나아가 간사하고, 견식이 좁아지며, 사기와 절도와 탐욕이 발생하게 된다고 본다. 그리고 이러한 이기적인 것이 모든 인류의 근간이라고 할 수 있는 가족에서 말미암기 때문에 공공의식이 희박해지고, 공공이익을 위한 제반 사업이 불가능하거나 제약을 받게 된다고 보고 있다. 가족으로 인한 또 다른 폐해는 가족 간의 교화정도와 경제 능력 등의 차이로 인해 교육과 교화가 제대로 진행되기 어렵고 또 향후 사회 불평등을 재생산하는 기초가 된다. 물론 이러한 사회적 차원에서의 폐해 이외에 개인적인 측면에서의 자녀의 부양과 부모의 공양에 대한 책임으로 인한 고통, 가족이 함께 거주함으로 인한 고부간의 갈등 등 가족갈등도 중요한 문제점 가운데 하나이다.

그렇다고 강유위는 가족관계 자체가 인류의 역사과정에서 무의미하다고 보지는 않는다. 그는 인류사회는 인간의 행복을 위해 계속해서 진화·발전해 가는데, 이를 거란세에서 승평세로, 그리고 태평세로의 발전해 간다고 설명한다. 그리고 당시 서구근대 사회가 도달한 역사단계는 바로 승평세이며, 그 근대이후의 세계는 바로 태평세이다. 따라서 그가 말하는 대동사회는 바로 근대이후의 태평세의 인류사회를 의미한다. 이러한 역사발전에서 가족관계는 태평세이전에는 불가피한 것으로 오히려 이러한 가족제도를 통해서 인류는 좀 더 불행한 조건을 극복할 수 있었다고 강유위는 말한다. 가족을 대체할 수 있는 여러 조건이 미비된 상태에서 가족은 노약자들을 보호할 수 있는 사회시스템이었으며, 중국의 효 사상은 바로 그러한 시스템을 지탱하는 매우 효과적이고 유익한 이념이었다는 것이다. 그러나 가족의 기능을 사회의 공공의 기능으로 대체하는 조건(사회와 경제의 발전정도)이 성숙되면, 이제 가족은 발전적으로 해체되어야 한다.

〈그림 4〉『대동서』 표지 및 표제

그런데 여기서 주목할 것은 가족의 해체가 단순히 부모
와 자녀간의 관계의 단절만을 의미하는 것도 아니고, 또 그
것이 원시적인 모계적인 사회로의 회귀를 의미하는 것도
아니라는 점이다. 그에게 있어 가족의 해체는 인간의 삶 전
체에 대한 정부(물론 국민-민족국가를 넘어선 인류의 공公국가, 혹
은 공公정부를 말함)의 책임과 부부관계의 개혁으로 요약된다.
우선 부부관계는 인류의 재생산과 인간의 욕망충족이라는
차원에서 불가피한 것이다. 즉 건강한 인류의 재생산과 지
속적인 욕망충족이라는 목표를 위해서, 철저한 남녀평등을
바탕으로 마음이 맞는 남녀간의 1:1의 협약을 통해 남녀관
계가 이루어진다. 그리고 그 협약은 1개월 이상 1년 미만으

로 기한을 정하며, 중매관을 증인으로 하여 사랑을 서약함으로써 이루어진다. 그리고 그 사이에서 출생한 자녀는 두 사람(부부라는 호칭도 쓰지 않는다)의 친권 내에 있는 것이 아니라 공민으로서 임신에서 출생, 그리고 성장과정과 양로와 사망 후 관리까지 모든 것을 정부에서 책임을 진다. 이를 위해 강유위는 필요한 사회적 제도를 거론하는데, 출생 전 임신부를 위한 인본원人本院에서 육영원, 공교육 기관(유치원에서 대학까지 모두 무상의무 교육이다), 그리고 공립 병원과 양로원, 휼빈원과 죽은 사람을 안치하는 화인원化人院까지 세부적인 시스템의 도입을 주장하였다.

5. 국경 없는 세계정부[公政府]의 수립

국가는 인간의 구성물로서 공적인 제도이지만, 강유위에 의하면 국가만큼 인류에게 폐해를 주는 것도 없다. 특히 국가 간의 전쟁 참화는 그 어느 고통보다도 참혹한 불행을 초래했고, 또 국가의 유지를 위해 군대를 양성함으로써 수많은 비용이 소요되어 백성들은 병역과 세금에 시달리지 않을 수 없었다. 뿐만 아니라 어진 사람이나 의로운 사람이라고 하더라도 각자 자신의 국가에 편향되어 그 식견과 도의 심에 한계가 있을 수밖에 없었으며, 사상과 도적질을 공적으로 치켜세우는 등 인심과 가치관의 타락을 불러 일으켰다. 따라서 강유위는 국가는 난세에는 백성의 생명과 재산을 보호해주는 역할을 하였지만, 태평세에는 전쟁과 살인 등의 원인만 제공하는 등 폐해만 있을 뿐이라고 비판한다. 강유위의 이러한 주장은 19세기 말 20세기 초 제국주의의 폐해가 인류의 위기를 초래하면서 그에 대한 반대급부로서 만국평화회의인 미병회弭兵會가 제창되고 있던 시대적 상황과 연관이 있다. 실제로 강유위는 당시 러시아 황제가 주도한 만국평화회의를 전 세계 만국연합의 시작이 될 것이라고 보았다. 그리고 또 하나는 교통과 통신의 발전으로 세계의 통합이 물리적으로 가능해지고 소위 지구촌의 시대가 열리고 있다는 의식을 바탕으로 하고 있다. 즉 세계적인 소통을 위한 우정, 전선, 상표, 출판, 화폐 등의 국제적 표준에 관한 의정서가 체결되고 비행기와 같은 새로운 교통수단의 개발 등이 대동서 이념의 기술적 토대를 이루고 있다.

그러나 당시 제국주의의 팽창으로 국가 간의 경쟁이 더욱 강화되고, 민족—국민국가가 보편적인 근대체체로서 그 기반을 공고히 해 가고 있던 시기에 국가경계의 철폐와 만국평화를 이룬다는 것은 앞서 말한 가족제도의 해체만큼이나 유토피아적인 것이었다. 그러나 당시 국가주의가 지배하는 상황에서 모든 억압과 차별은 국가의 전체이익의 지배를 받고 있었기 때문에, 강유위가 제기한 수많은 제반 차별들을 없애기 위해서는 국가제도의 철폐가 필수불가결한 것이었다. 따라서 가족제도와 더불어 국가제도의 철폐는 강유위 대동사상의 기본적인 전제조건이다.

〈그림 5〉 1913年3月 『不忍』 창간호에 실린 『대동서』

따라서 강유위는 국가철폐 방법과 그 경로에 대해서 매우 세심하게 서술을 하고 있다. 즉 국가의 경계를 넘어 하나의 인류의 공정부를 수립하는 것을 목적으로, 그것에 도달하기 위한 여러 세부적인 단계와 각 단계의 특징을 설명하고 있다. 강유위는 그의 특유의 사회발전 모델인 삼세표(거란세, 승평세, 태평세)에 입각해서 대동합국大同合國의 세 단계를 설명한다.

먼저 대동의 시작단계인 거란세는 바로 당시 현 단계로서 각 국가들은 독립적인 자주권을 행사한다. 다만 세계적인 각국의 의제를 논의하기 위한 만국공회를 구성하며, 이는 각국에서 파견된 대표들로 구성된다. 공의회에서는 각국이 제출한 교섭과 공법에 관한 중요한 문제를 논의하고, 각국의 의원이 의논하여 조례를 정하며, 이를 각국의 군주나 통령이 서명하여 선포한다. 일단 선포된 공의회의 조례는 공법으로서 각국의 법률보다 우위에 있다. 이 단계에는 공의회의 권한에 일정한 제한이 있어, 각국의 국경과 각종 법률, 조세, 군사적 측면의 자주권이 공인될 뿐만 아니라 사회적인 여러 불평등, 성별, 인종별, 신분적 여러 차별도 존재하고 있다.

이러한 단계에서 좀 더 진전되면 승평세의 단계에 이르게 되는데, 공의회 이외에 각 국가의 상위에 존재하는 세계 공정부를 수립한다. 이 단계에서 각 백성은 점차 자신의 국가에서 벗어나 통일된 공정부에 귀속되며, 각 국가는 군사, 세금, 전기, 법률 등 중요한 영역에서 자주권을 제한 받는다. 이 단계에서 각 백성의 권한이 크게 신장되며 인종차별이나 노예 등은 모두 금지된다. 또 군주나 제왕은 점차 없어지고 호칭도 총통과 의장으로 바뀌며 신분도 거의 없어진다.

다음 단계는 대동이 이루어지는 태평세이다. 이 단계에서는 전 세계가 모두 공정부에 귀속되어 행정관과 의원을 두며, 국가 간의 경계는 완전히 철폐된다. 그리고 궁극에는 공정부의 행정관이나 의장도 없고 오직 의원만 존재하고 다수결에 의해 결정한다. 이 단계에서는 모든 사람은 평등하고 각종 차별도 존재하고 않고, 군대나 형벌, 사유재산도 존재하지 않는다.

이러한 세계정부 관점은 칸트의 사상에서도 일부 보이기도 하지만 강유위의 독창적인 구상으로, 1918년 제1차 세계대전이 종결되면서 그와 같은 전쟁의 재발을 막기 위한 국제연합 구상이 제안되었을 때, 강유위는 자신의 구상이 점차 실현되어가는 것이라고 환호하기도 하였다.

6. 극단의 시대의 근대적 이상세계

강유위의 대동세계는 인류의 극단적 파괴가 시작되던 시기에 구상되었다. 각국의 혁명과 제국주의적 확장이 모든 규범을 초월하여 진행되고 있었는데, 이러한 상황은 바로 강유위로 하여금 단순히 유가사상에 대한 비판과 재구성의 차원이 아니라 상실된 세계규범을 재구성하려는 시도에 동기를 부여하였다. 물론 그의 궁극적 지향은 근대체제를 넘어선 새로운 국제질서와 인류질서에 있지만 그것을 구성하는 주요 전제와 가치의식, 이데올로기는 매우 근대적이다.

우선 그가 가장 중요하게 여기는 가치는 바로 평등이다. 이 평등은 거의 절대적인 가치를 지니고 있으며, 개인의 자유는 바로 바로 이러한 평등의 범주 내에서 허용된다. 왜냐하면 어떠한 형태든 평등에 대한 훼손은 바로 그것의 부자유를 의미하기 때문이다. 이러한 평등의 원리와 더불어 중요한 것이 바로 과학주의이다. 강유위는 실리實理를 매우 중시 여겼는데, 이러한 실리를 발견하는 학문이 바로 과학이다. 그렇다고 이것이 자연의 질서체계로서 기존 사회체계를 대체하는 것을 의미하는 것은 아니다. 오히려 자연의 질서라도 인간의 행복에 부합하지 않는 것은 억제되거나 조절되어야 한다. 마찬가지로 인간사회의 중요한 결정에 과학자들의 의견이 존중되고 반영되어야 한다. 예를 들어 남녀 간에 관계를 맺을 때는 순간적인 욕망이 신체의 건강을 해하여 미래의 행복에 불리한 영향을 주지 않도록 의사의 검진을 받아 관계의 시기와 횟수를 조절해야 한다. 이러한 과학주의는 바로 당시 우생학과도 연관이 있다. 당시 우생학은 인종차별과 제국주의 이념의 확장의 주요 무기였는데, 강유위는 이러한 우생학 이론을 거의 무비판적으로 수용한다. 그가 자녀를 부모로부터 격리시켜 공정부가 책임을 져야한다고 주장하는 이유 중의 하나가 바로 가정형편이 제각기 다름 인해 아동들의 건강 상황을 일정한 수준으로 보장할 수 없다는데 있었다.

마지막으로 대동서의 이념 중에 가장 문제점으로서 지적할 수 있는 것은 바로 획일주의이다. 그가 말하는 대동은 다양한 차이를 존중해주는, 즉 차이를 차별화하지 않는 사회가 아니다. 오히려 그는 이러한 차이가 곧 차별의 기호라고 보고 매우 극단적인 획일주의를 고수한다. 그 예로 그는 남녀의 평등을 위해서 복장을 동일화해야 한다고 제안한다. 그리고 인종차별을 극복하기 위해 다양한 인종의 평등한 권리를 보장하는 것이 아니라, 개화정도가 '떨어지는' 흑인종을 황인종으로, 그리고 황인종을 더 진화한 백인종으로 개량하여 궁극적으로 모든 인류를 백인종으로 개량해야한다고 주장한다.

결국 강유위의 『대동서』는 각종 차별과 장벽을 넘어선 평등한 인류의 세계를 그리고 있지만, 이는 단순히 공상적인 유토피아라기보다는 19세기 위기에 직면한 보편적 규범과 질서를 재구축하기 서구의 근대를 넘어서려는 기획의 일환이었다. 그렇지만, 그 논리와 세부적 서술 곳곳에는 발전주의, 진화론과 우생학, 과학주의등과 같은 근대의 주요 이념들이 자리 잡고 있기도 하다.

참고문헌

강유위, 이성애 옮김, 『대동서』, 을유문화사, 2006.

최성철, 『강유위의 정치사상』, 일지사, 1988.

더 읽어볼 책들

• 중국대동사상연구(진정염 저, 지식산업사, 1990)

• 중국근대사상사론(리쩌허우 저, 임춘성 역, 한길사, 2005)

• 중국근대의 지식인(양계초 저, 혜안, 2005)

• 영구평화론(임마누엘 칸트 저, 박환덕 외 1명 역, 범우사, 2012)

율곡 이이의 개혁 청사진
『동호문답』

김경래

서울대 국사학과에서 『선조대 초반의 정국과 율곡 이이의 개혁론』으로 박사학위를 받았다.
현재 인하대 한국학연구소 HK연구교수로 있다. 16세기 조선의 정치사와 지성사에, 특히
이 시기 개혁의 주체와 방향, 정치적 갈등의 양상과 담론, 정치 정보의 유통과 매체에
관심을 가지고 연구를 진행하고 있다.

율곡 이이의 개혁 청사진 『동호문답』

1. 동쪽 호수에서, 시국에 대해 묻고 답하는 글을 짓다

조선시대의 대표적 개혁가 중 한 사람인 율곡 이이 (1537~1584). 일반적으로 그는 민생을 구제하기 위해 각종 악법들을 철폐하고자 한 제도개혁가, 동인과 서인이 분열하자 양측 사이에서 갈등을 중재한 화합론자로 잘 알려져 있다. 물론 이이가 그런 주장을 한 것은 사실이나, 이러한 면모는 어디까지나 이이의 일부일 뿐이었다. 실상 그는 제도 못지않게 성리학적 도덕과 가치 구현을 강조하였으며, 내부의 '동지'가 아닌 외부의 '적'에 대해서는 강한 배척 의식을 보여 주었다.[1]

1569년(선조 2) 9월, 신진 관료 이이가 새 국왕 선조에게 올린 『동호문답』은 그의 개혁 구상 전모가 간결하게 담겨 있는 글이다. 이 글에서 이이는 개혁의 방향과 주체, 방법과 과정 등 개혁의 로드맵(road map)을 체계적으로 제시하였다.

『동호문답』은 '동호'라는 곳에서 손님이 '묻고' 주인이 '답하는', 즉 Q&A 형식으로 구성되어 있다. 이때 손님의 질문은 당시의 일반적인 생각들을 대변하고 있고, 주인의 답은 저자인 이이의 주장을 담고 있다. '동호'란 지금의 용산구 옥수동 근처로, 여기서 한강이 굽이치며 마치 호수처럼 넓고 잔잔해지기에 이런 이름이 붙었다. 조선시대 이곳에는 독서당讀書堂이라는 건물이 있었는데, 젊고 유능한 관료들이 일상의 업무에서 벗어나 학문적 충전을 하는 곳이었다. 그 대신 그들은 매달 글을 지어 내야 했는데, 『동호문답』도 이이가 이런 과제의 일환으로 자신의 정국 구상을 담아 제출한 글이었다.2)

---

1) 이러한 문제의식에서 이루어진 연구로 '김경래, 2015 〈선조대 초반의 정국과 율곡 이이의 개혁론〉, 서울대 국사학과 박사논문' 참조.

2) 최근에 나온 『동호문답』의 한글 번역으로는 '정재훈 역해, 2014 『동호문답』, 아카넷'이 있다.

2. '잃어버린 40년'과 개혁의 시대

이이가 장원으로 과거에 급제하여 관직에 첫발을 내딛고 나서 얼마 뒤, 조정에는 '잃어버린 40년'이 끝나고, 바야흐로 개혁의 바람이 불고 있었다.

문제의 시작은 1519년(중종 14) 이른바 기묘사화로 조광조의 개혁 시도가 좌절된 일이었다. 이후 상당 기간 '권간權奸'이라고 지칭하는, 말 그대로 부당한 '권력'을 휘두르는 '나쁜' 인물들이 조선의 정계를 좌우하였다. 중종대의 김안로, 명종대의 윤원형, 이량은 국왕과의 친인척 관계를 구실로 조선의 부와 권력을 오롯이 하면서 나라를 병들게 하였다. 그러는 동안 뇌물이 횡행하며 관료 조직은 타락하였고, 지식인들은 거기에 동조하거나 침묵하였다. 그 최종적 결과로서 백성들의 삶은 도탄에 빠졌다.

1565년(명종 20) 드디어 이러한 상황을 종식시키는 사건이 일어났다. 뜻밖에도 변화의 시작은 권력의 중심부에서 비롯하였다. 명종비 인순왕후의 동생인 심의겸이 개혁세력과 손잡고 전격적으로 '권간' 이량을 축출하고, 얼마 뒤에는 윤원형마저 제거한 것이다. 곧이어 그들에게 부역했던 자들을 처벌하고, 반대로 윤원형과 이량에 의해 죄를 받았던 사람들을 사면하였다. 신진관료 이이는 이 개혁운동에 적극 동참하였다.

그런데 '권간'들이 사라졌다고 해서, 곧장 평화의 시대가
온 것은 아니었다. 개혁적이며 젊은 관료들이 과감한 변화를
요구하였지만, 국왕 선조와 최고위 관료인 재상들은 안정적
인 정국 운영을 강조하며 제한적 변화에 그치려 하였다. 그
결과 여러 정책의 시행을 둘러싸고 양 측은 번번이 충돌하였
다. 송강 정철이 이이에게 '당하기 전에 우리가 먼저 공격하
자'는 말을 할 정도로, 일촉즉발의 순간에 이르기도 하였다.

『동호문답』은 이처럼 신구新舊 관료 간의 갈등이 본격화
하는 상황에서 제출된 것이었다. 그리고 이 글은 개혁에 주
저하는 국왕 선조와 재상들에 대한 이이의 외침이었다. 마
침 이때는 새 국왕 선조가 선왕先王 명종의 삼년상을 마쳤기
에, 본격적으로 자신의 정치를 펼칠 수 있는 시점이기도 하
였다.

3. 군주와 신하의 만남, 그리고 개혁의 로드맵

모두 11개의 항목으로 구성된 『동호문답』은 크게 두 부
분으로 나눌 수 있다. 전반부(제1항목~제6항목)는 중국과 조
선의 역사에 대한 평론으로, 이를 통해 '좋은 정치란 어떻게

가능한가?'에 대해 원론적 논의를 한다. 후반부(제7항목~제 11항목)는 '그렇다면 이제 무엇을 할 것인가?'에 대한, 구체적인 실천의 이야기를 한다.[3]

대분류	중분류(주제)	항목명
전반부	중국의 역사	1. 군주의 길[君道]
		2. 신하의 길[臣道]
		3. 군주와 신하의 제대로 된 만남의 어려움[君臣相得之難]
	'동방'의 역사	4. 동방에서 도가 행해지지 않음[東方道學不行]
		5. 조선조에서 고도가 회복되지 않음[我朝古道不復]
		6. 지금의 시세[當今之時勢]
후반부	군주의 할 일	7. 실천과 실효에 힘쓰는 것이 수기의 핵심[務實爲修己之要]
		8. 간사한 자를 분별하는 것이 현명한 자를 등용하는 일의 핵심[辨奸爲用賢之要]
	민생 안정과 교화를 위한 정책들	9. 민생 안정의 방법[安民之術]
		10. 교화의 방법[敎人之術]
	을사사화의 재평가	11. 이름을 바로 잡는 것이 다스림의 근본[正名爲治道之本]

---

3) 이들은 병렬적으로 나열되어 있으며, 표면적으로 저자는 이들을 분류하거나 여기에 층위를 부여하고 있지 않다. 그러나 그 내용을 살펴보면, 이이는 분명한 문제의식 하에 항목별 주제를 정하고, 순서를 배치하였음을 알 수 있다. 따라서 『동호문답』의 구조에 담긴 저자의 의도를 파악하는 일이야말로 『동호문답』을 이해하기 위한 출발이자 핵심이라 할 수 있다. 즉, '내용'의 이해를 위해서는 '형식'에 대한 이해가 선행될 필요가 있다. 이에 대해서는 김경래, 「율곡 이이의 동호문답과 군신론」, 『한국문화』 75, 2016 참조.

『동호문답』의 전체 첫머리는 아래와 같은 손님의 질문으로 시작한다.

손님이 주인에게 물었다. "옛날이나 지금이나 다스려짐[治]과 어지러움[亂]이 없을 수 없지만 어떻게 하면 다스려지고, 어떻게 하면 어지러운가?"

이이는 '군주의 길'과 '치란'을 곧바로 연결함으로써, 군주의 역할이 질서의 마련에 결정적 요인임을 드러내고자 하였다.

그 핵심은 한 마디로 '진짜 선비[眞儒]'를 발탁하여 재상과 같은 고위직에 임명하고 그에게 정치를 맡기라는 것이었다. 반대로 요순堯舜도 아니면서 군주가 본인의 능력을 과신하여 모든 걸 스스로 하려 하거나, 능력이 부족하여 간사한 자의 말을 듣는 경우는 어지러움의 원천이 되었다. 선비들 역시 도덕과 능력을 겸비하였다면 재야에만 머무를 것이 아니라, 적극적으로 조정에 진출하여 세상을 변화시키는 일에 나서는 것이 바람직하였다. 그리하여 그 둘이 만날 때[君臣相得], 비로소 좋은 정치가 가능하였다.

문제는 조선의 현실이 한가롭게 원론적 얘기만 할 상황이 아니라는 것이었다. 이이는 제5항목에서 당시의 문제적 상황을 아래와 같이 묘사하였다.

　　지금 국가의 형세는 마치 기절을 했던 사람이 겨우 소생을 하여 아직 모든 맥이 안정되지 않고 원기도 회복되지 못한 것이나 마찬가지다. 서둘러 약을 써야 살아날 가망이 있을 텐데, 혹자는 약을 쓰지 말고 가만히 앉아서 저절로 낫기를 기다리자고 하고, 혹자는 좋은 약을 써야겠는데 무슨 약을 써야할지 모르겠다고 하면서 팔짱을 끼고 둘러서서 보고만 있을 뿐 한 가지 계책도 써보지 않고 있으니, … 장차 구제할 수 없는 위태로운 병이 생겨 기어코 죽고 말 것이다.

　　'권간'의 득세를 겪은 조선은 마치 죽기 직전에 겨우 살아난 사람과 같았다. 한시 바삐 조치를 취하지 않는다면, 언제든 다시 위급 상황에 빠지거나 심할 경우 사망할 수 있었다. 그러나 이이가 보기에, 현재의 재상들은 '팔짱을 끼고 절로 낫기를 기다리고' 있었다. 예전부터 지키던 법[祖宗之法]이라는 이유로 각종 악법들의 개혁에 주저하고, 현 상태의 유지에만 급급하였다. 그런 점에서, 그들은 '진유'가 아니라, 일반인들과 다를 바 없는 그저 '류속'일 뿐이었다.

　　그리하여 전반부의 마지막에서, 이이는 재차 강조한다. '삼대지치', '왕도정치'라는 유교의 이상理想 정치는 먼 옛날의 일, 실현 불가능한 목표가 아니다! 군주와 재상이 제대로 만난다면 언제, 어디서든 가능한 현실적 목표이다! 그것을 이상으로만 치부하는 태도는 현실의 문제를 바꾸지 않으려는 자들의 변명일 뿐이다!

　　손님이 물었다. "삼대지치(三代之治)를 과연 오늘날 다시 구현할 수 있는가?"

　　주인이 말하였다. "할 수 있다."

　　손님이 크게 웃으며 말하였다. "말이 너무 지나치다. 왕도(王道)가 행해지지 않은 것이 이미 중국 한나라 때부터 그러한데 하물며 지금의 사람들은 한나라 사람보다 많이 부족하다. 우리나라는 기자(箕子) 이후 다시는 좋은 정치가 없었고 지금의 풍속을 생각하면 필시 고려보다도 못하다. … 단지 처사(處士)의 큰소리가 될 뿐이다."

　　주인이 근심스럽게 말하였다. "… 왕도가 행해지지 않는 것은 단지 군주와 재상이 그 사람이 아니기 때문이지 어찌 시대가 점점 내려갈수록 회복할 수 없는 것이겠는가. 그 군주와 그 재상이 있다면 회복할 수 있는 때이다."

위의 대화는 원론적 얘기를 하고 있지만, 실질적으로는 개혁의 의지가 없는 현재의 '류속' 재상들을, 삼대지치의 구현에 대한 믿음과 의지가 있는 개혁 인사로 교체하라는 요청에 다름 아니었다.

이상과 같은 전반부의 논의는 자연스레 후반부의 실천적 논의로 이어진다. 그런데, 중요한 사실은 후반부의 항목들이 '군주의 자기 수양[수기] → 현명한 자의 등용[용현] → 민생 안정[안민] → 백성의 도덕적 교화[교화]'로 이어지는 단계적, 순차적 과정으로 설정되어 있다는 점이다. 즉, 이이는 '안민'과 '교화'와 같은 대민 정책을 시행하기 이전에, 군주와 관료조직의 변화, 즉 지도층의 변화가 반드시 선행되어야 한다고 보았다.

먼저, 군주의 자기 수양[수기]. 군주는 삼대지치를 하겠다는, 즉 좋은 정치를 펼치겠다는 의지를 가져야 했다. 그런 다음에는 말로 그칠 게 아니라 실천에 힘써야 했다.

주인이 말하였다. 아침 내내 밥상을 차렸지만, 하나도 배부르지 않으니 헛된 말만[空言]만 있고 실제 노력과 효과는 없으니 어찌 일을 이룰 수 있겠는가? 지금 경연 자리에서 아뢰는 말들이 아름다운 계책과 바른 말이 아닌 것이 없으니 족히 나라를 다스릴 만도 하지만, 하나의 폐단도 고치는 것을 볼 수 없으니, 이는 하나의 계책을 실시하는 것이 실효에 힘쓰지 않기 때문이다.

현재, 폐단의 개혁에 아무런 효과가 나타나지 않는 것은 그에 대한 말만 넘쳐날 뿐 실천이 없기 때문이었다.

다음으로 현명한 자의 등용[용현]. 군주가 좋은 정치에 대한 의지가 있고 실천에 힘쓴다면, 자신을 도와 일을 할 관료를 선발하는 일이 남았다. 이를 위해서는 신료들과의 접촉 기회와 빈도를 늘려, 충분한 소통이 이루어져야 했다. 그렇게 한다면, 소인이 군자를 공격하더라도 거기에 현혹되지 않을 수 있어, 제대로 된 인재를 얻을 수 있었다.

군주와 관료의 일이 해결된 다음에는 민생의 안정[안민]이 과제로 대두한다. 그 핵심은 각종 폐법의 개혁이었다. 이이는 당시 민생을 괴롭히는 대표적 다섯 가지를 일족절린—族切隣, 진상번중進上煩重, 공물방납貢物防納, 역사불균役事不均, 이서주구吏胥誅求의 폐해로 정리하였다. 세금을 피해 도망친 자의 책임을 이웃에 전가하여 온 고을이 피폐해졌고, 나라에 물건을 바치는 것이 너무 잦고 많았다. 그런데다 중간에서 이득을 취하는 자들의 작폐로 백성들의 부담은 더욱 커졌다. 또한, 군역을 비롯해 몸으로 때워야 하는 의무가 공평하게 분배되지 않고 있었고, 서리들이 농간을 부려 관官과 관련한 일에는 뇌물이 필요하였다. 이이는 이 모든 문제의 근원에는 선대의 군주들이 만든 법[祖宗之法]이라는 이유로 폐법을 고수하려는 태도가 있다고 보았다. 하지만 그는 '현재의 폐법들은 조종지법이 아니라 권간들이 만든 법일 뿐이다!'라고 역설한다. 설사 그것이 조종지법이라도 문제가 있다면 바꾸는 게 옳았다.

　지금의 폐법들이 설령 모두 조종지법이라 하더라도, 마땅히 세조(世祖)를 본받아 이전의 법규를 조금씩 바꾸어야 하는데 … 하물며 조종지법이 아니라 많은 것들이 권간의 손에서 나온 것인데도 그대로 준수하기를 선왕(先王)의 법과 같이 하니 이는 무엇 때문인가? … 도리어 나를 보고 조종지법을 변경한다고 하는가?

　이이는 백성들을 도덕적으로 교화하는 일은 민생 구제의 이후의 일로 미루었다. 그가 정치에 있어 도덕의 필요성이나 교화의 중요성을 부정한 것은 결코 아니었다. 다만, 그 일을 일반 백성들에게까지 행하려는 것은 어디까지나 점진적으로 추진해야 하는 사업이었다. 이와 관련해 『동호문답』에서 이이가 제시한 선행 과제는 오랫동안 방치된 관학官學 교육 시스템을 재건하는 일이었다.

　끝으로, 이이는 '정명正名', 즉 윤원형이 일으킨 을사사화乙巳士禍의 잘잘못을 다시 가림으로써, 조선에서 옳고 그름에 대한 기준을 다시 정하는 일의 중요성을 강조하였다. 이른바 정의 바로 세우기 작업이, 위의 그 모든 일보다 우선해야 한다고 보았다. 글의 순서상으로는 제일 뒤였지만, 실천 과정에서는 제일 먼저 할 일이었다. 실제 『동호문답』을 제출하고 난 뒤, 이이는 위사공신衛社功臣 삭훈削勳 운동을 앞장서서 벌이며, 개혁세력의 중심인물로 부상하였다. 그리고 그에 대한 선조의 계속되는 거부는 앞으로 이이가 직면할 현실을 예고하는 것이기도 하였다.

4. 『동호문답』, 그 이후

이이는 1583년(선조 16) 완전히 관직에서 물러나기까지 각종 개혁안을 지속적으로 제출하였다. 그의 폐법 개혁안이 망라된 「만언봉사」나 '조선의 군주론'이라 평가되는 『성학집요』가 대표적이다. 그 사이 세세한 정책안에는 변화가 있었지만, 핵심 원칙은 이미 『동호문답』에 모두 제시되어 있었다. '민생의 안정이 시급하며, 그 후에야 백성들의 도덕적 교화도 추진해야 한다'. 무엇보다 그 모든 일의 전제로서 "'진유'가 조정에 진출하고, 재상직에도 포진해야 한다"는 주장이 그것이다. 그런 점에서 『동호문답』은 이이의 개혁 청사진이라 할 수 있다.

이이의 개혁안은 끝내 선조로부터 화답을 얻지 못했다. 선조는 이이의 안을 경청하는 듯 했지만, 실행은 하지 않았다. 게다가 여전히 '류속' 인사들이 정부의 고위직을 차지하고 개혁을 막고 있었다. 사화士禍라는 역사적 경험으로 보건대, 그들은 언제든 개혁세력에 정치적 타격을 가할 수 있었다. 이이는 이런 사태의 발생을 가장 우려하였다. 그런 가운데, 1575년(선조 8)부터는 개혁세력 내부에서 동인과 서인이 분열하였고, 이제 이이는 폐법 개혁과 동서東西 갈등의 중재라는 '이중 과제'의 해결에 애를 써야만 했다.

결국, 1584년(선조 17) 이이는 마흔 아홉의 젊은 나이에 생을 마감하였다. 조선에서 그 누구보다 변화의 필요성을 역설했던 개혁가, 정국 상황을 예민하게 감지하고 반응했던 정치가의 죽음이었다. 그의 외침은 끝내 대답 없는 메아리로 돌아오고 말았지만, 훗날 그를 추종하는 서인 세력이 조선의 학계와 정계를 좌우하게 되었다. 짐작컨대, 이이의 후예들이 그려낸 스승의 상像이 반드시 이이 본인의 생각과 일치하지는 않으리라.

참고문헌

이이, 안외순 역, 『동호문답』, 책세상, 2005.

이이, 정재훈 역해, 『동호문답』, 아카넷, 2014.

김경래, 『선조대 초반의 정국과 율곡 이이의 개혁론』, 서울대 국사학과 박사논문, 2015.

김경래, 「율곡 이이의 동호문답과 군신론」, 『한국문화』 75, 2016

김경래, 「동호문답, 율곡 이이의 개혁 청사진」, 『내일을 여는 역사』 66, 2017.

사마천의 『사기』 읽기
: 황제에서 주 무왕의 시대까지

류준필

서울대학교 인문대학 국어국문학과 및 동대학원을 졸업했다. 현재 인하대학교 한국학연구소 HK교수로 재직 중이다. 주요 저서로 『근대계몽기 지식 개념의 수용과 그 변용』(공저), 『근대어·근대매체·근대문학: 근대 매체와 근대 언어질서의 상관성』(공저), 『1919년 3월 1일에 묻다』(공저), 『동아시아의 자국학과 자국문학사 인식』 등이 있다.

사마천의 『사기』 읽기

: 황제에서 주 무왕의 시대까지

1. 황제, 산을 헤치고 길을 열다[披山通道]

누구나 '처음'을 궁금해 할 수 있지만 아무나 '처음'을 말할 수 있는 것은 아니다. '처음'이란 모든 것의 기원과 시작이다. '처음'을 따져드는 작업을 두고 흔히 역사라고 부른다. 예나 지금이나 역사를 말하는 사람들은 부지기수이지만, 역사를 쓰는 사람은 극소수이다. 과거에는 그런 역할을 사관史官이 맡았다. 사관만이 '처음'을 말하고 쓸 수 있다. '처음'을 묻는 순간, 처음-중간-끝이 만들어지고 이야기가 생겨난다.

중국의 사마천司馬遷은 『사기史記』라는 불멸의 역사책을 쓰면서 고심했다. 이렇게 많고 제각각인 모든 것들의 '처음'

은 어디인가. 혹은 우리의 '시작'은 어디인가. 제대로 된 이야기엔 어울리는 등장인물이 필요하므로, 사마천은 '황제黃帝'라는 존재를 역사의 '처음'이라 하였다.

『사기』의 '처음'인 〈오제본기五帝本紀〉는 그렇게 시작된다. 황제 이전에도 농사짓는 법을 알려준 신농씨神農氏가 있었고, 황제 당시에도 '처음'의 가능성은 여럿이었을 것이다. 그렇지만 사마천은 황제를 택했고 『사기』의 '처음'이 시작되었다. 여기서, 아무나 '처음'을 말할 수 있는 것은 아니라는 사마천의 음성도 같이 들린다.

왜 사마천에게는 황제가 '처음'이었던가. 함께 할 이들을 위해서 안으로는 통합을 이루고, 함께 하기 어려운 이들은 밖으로 물리친 이가 황제이기 때문이다. 따르지 않는 세력이 있으면 직접 가서 처벌하고, 함께 할 수 있으면 그대로 두고 돌아왔다. 동서남북을 두루 다니면서, 황제는 "산을 헤쳐 나아가며 길을 열었다[披山通道]." 사마천에게는 천하를 다니면서 없던 길을 만들어 내는 것이 '처음'이었다. 세상을 서로 연결하여 관계 짓고 살 수 있게 하니 '처음'이 시작되었다는 것이다.

그럼 어떤 사람이어야 그런 '처음'을 이룩할 수 있는가. 황제는 하루도 "몸 편히 지낸 적이 없었다[未嘗寧居]."고 사마천은 썼다. 세상에 없던 무엇인가를 '건설'하려는 사람이라면 없어서는 안 될 덕목이겠다. 시간이 남아도는 이들이 '처음'을 만들 수는 없으니, 아무나 '처음'을 열 수는 없다. 산을 헤쳐 없던 길을 내겠다는 마음이 없다면, 어디에서도 '처음'은 시작되지 않는다.

2. 요堯, 하늘을 따르고 '시간'을 마련하다

기독교 성경에 '에덴동산의 시절'이 있다면, 한문 고전 속에는 '요순堯舜 시대'가 있다. 하夏·은殷·주周 삼대 이전에 있었다는 태평성대다. 해 뜨면 일어나 일하고 해 지면 돌아와 편히 쉬며, 우물 파서 물마시고 밭 갈아 먹을 것 구하면 그만이라 노래하던 시절이었다. 왕이 있었으나 사람들 대부분이 그 이름조차 몰랐다는 전설로 남은 시대다.

요임금의 업적으로 첫 번째 드는 것은, 하늘의 운행을 관측하여 사람의 시간을 마련한 일이다. 천시天時에 조응하는 인시人時의 창출을 말한다. 요임금 곁에는 희羲씨와 화和씨라는 조력자가 있었다. 역법의 창시자니, 시간을 읽는 능력을 갖춘 이들이다. 요임금은 그들로 하여금 동서남북에 머물게 하면서 하늘을 살펴 때를 거스르지 않는 생활의 기초를 닦았다. 그런 다음 366일로 1년을 정하고 윤달을 두었다.

"하늘을 공경하여 따르고, 백성들에게 신중히 인간의 시간을 전하였다[敬順昊天, 敬授民時]."

이러하다면 태평성대란 세상의 질서가 처음으로 모양을 갖추기 시작한 시대의 경이驚異를 일컫는 말이다. 그것은, 하루의 '낮밤'과 일 년의 '사계'가 무한 반복되는 구조 위에 우리의 삶을 얹어 놓은 경이로움이다. 삶 속에서 우리가 느끼는 전진과 지속은 그런 반복 속에서 생성된다. 새 봄의 기쁨이 묘한 애상과 흔히 겹쳐지는 것도 이런 탓이겠다. 봄이 오면 새싹 돋고 꽃몽우리 지는 반복. 분명 오늘은 작년의 그날이 아니다. 그럼에도 오늘의 봄은 다시 봄·여름·가을·겨울의 반복이 시작되는 봄일 뿐이다. 삶의 전진은 늘 반복 속의 전진이다.

오늘의 새로움이 새로울 것 없는 새로움인 만큼, 새로울 것 없는 오늘이 경이로운 새로움일 수도 있다. 그러니, 봄날 꽃구경 나가는 우리들의 마음이 요임금의 태평성대와 이어지지 않는다고 하기도 어렵다. 요임금의 마음은 세대를 건너 다시 반복되듯 이어져서, 아이들의 미래에 요임금의 태평성대가 겹쳐진다. 봄날을 걷는 동안 아이들 손을 꼭 잡는 것도, 그 때문이 아닐까.

3. 천하보다 더 큰 유산

태평성대를 연 요임금에게도 커다란 고민이 있었다. 자기 생이 끝나간다는 느낌이 들었고 누구에게 왕위를 물려줄 것인지 고심에 고심을 거듭했다. 중신들에게 물으니, 요임금의 아들인 단주丹朱가 있지 않냐고 한다. 요임금의 답은 예상 밖이었다. "단주가 내 자식이기는 하나 성격이 거칠고 다투기를 좋아한다. 왕 노릇을 할 만한 재목이 아니다." 결국 요임금은 순舜을 발굴하여 오랫동안 지켜보다가 하늘에 고한다. "제 후계자는 순입니다."

요임금이 자식이 아니라 덕망 높은 순에게 왕위를 물려준 것을 선양禪讓이라 한다. 유가에서 두고두고 자랑스러워하는 일이다. 사사로운 인연에 얽매이지 않고 천하[공공성]를 우선시한 찬란한 성취로 기억된다. 요임금의 선대는 제곡帝嚳이라는 왕이었으니, 요임금 자신은 왕위를 세습한 사람이었다. 그런 사람임에도 정작 자기 자신은 아들 단주가 아니라 순을 선택한 것이다. 훗날 순이 다시 우禹임금에게 왕위를 넘김으로써, 이러한 선양은 한 번 더 반복되었다.

선양을 결심한 순간 요임금은 어떤 마음이었을까. 또 그런 소식을 들은 요임금의 자식들은 어떤 생각이 들었을까. 심지어 요임금은 순에게 자기 딸을 시집보냈고, 아들도 순에게 가서 배우도록 하였다. 순에게 선양하기로 결심하면서 요임금은 이렇게 말했다. "순에게 넘겨주면 모든 사람이 이롭고 단주만 손해지만, 단주에게 넘기면 세상 모든 이가 손해고 단주 한 사람만 이익이다."

그럼 이렇게 물을 수도 있겠다. 요임금이 자식에게 천하를 건네는 대신 무엇을 주었을까. 요임금 또한 부모된 마음이었다면, 단주에게는 천하보다 더 큰 것을 남겨주지 않았을까. 그것은 자식이라고 예외로 삼지 않고 다른 이와 마찬가지로 똑같이 대우하였다는 기억 아닐까. 그 기억은 '명예'이며 '떳떳한 자부심'으로 작용한다. "온 천하에 손해를 입히면서 한 사람을 이롭게 할 수는 없다[不以天下之病而利一人]"고.

4. 효孝, 기원을 기억하게 하는 힘

요임금에게서 후계자로 지목받았을 당시 순舜의 나이는 서른이었다. 그렇지만 순은 이미 스무 살 무렵부터 세상에 유명했다. 효성이 지극하다고 해서였다. 우매하기 이를 데 없는 맹인 아버지, 사나운 계모에 포악한 이복동생 상象이 순의 가족이었다. 그들은 모두 다 순을 죽이고자 했다. 창고

지붕을 수리하러 올려 보내고는 아래에서 불을 놓기도 하고 우물을 파게하고는 흙으로 메워 버리기도 했다. 순은 늘 살아남았고, 이후에도 여전히 효를 다했다. 그 소식을 듣자 요임금은 순을 발탁해서 오전五典과 백관百官의 일을 처리하도록 했고, 그 모두가 잘 다스려졌다[堯乃試舜五典百官, 皆治].

순과 같은 효성이라면 분명 탄복할 만하다. 그렇지만 '효孝'가 나라를 다스리는 것과 무슨 관련이 있을까. 왜 요임금은 효자에게 천하를 물려주었던 걸까. 효는 자기 부모만을 대상으로 하기에 가족의 테두리를 넘기 어렵다. 옛날에 관료가 벼슬에서 물러나고 싶다며 대는 핑계가 늘상 부모 봉양이었다. 효도는 도리어 공적 활동을 제약하기에 십상이다. 그런데도 요임금은 '효자'에게 천하를 다스리도록 했다. 요임금은 효의 덕성 속에서 치자治者의 조건을 보았음이 분명하다.

효는 사람이면 누구에게나 동일한 근저를 환기한다. 우리 모두는 부모의 자식이라는 사실이다. 부모의 존재를 알든 모르든, 효성의 실제가 있든 없든 관계없다. 그래도 우리 모두에게는 '자기 존재의 기원'이 있다. '효'는 그 기원을 망각하지 않게 하는 힘을 작동시키고, 같은 작용 원리로 정치적 맥락 속의 '지속'을 가능하게 구조를 형성하는 것이 아닐까. 지속하는 것보다 바꾸는 게 훨씬 쉽고, 기억하기보다

잊어버리는 쪽이 더 자연스런 생리이다. 기억은 '애써' 하지만 망각은 '절로' 된다.

변함없는 지속보다는 늘 새로운 변화를 좇는 세상이다. 오늘날 순의 '효'가 필요하다면 부모의 맹목적 권위를 위해서는 아닐 것이다. 망각은 쉽고 기억은 어려운 것처럼, '효'는 자연스런 마음의 작용이라기보다 '애써' 노력해야 하는 덕목 같다. 굳이 기억할 만한 것이 있어야 한다면, 기억하려는 노력 덕택에 지금 세대가 지속을 인정하는 구조 안에서 진정한 새로움을 알아볼 수 있다는 이유에서일 것이다.

5. 황금시대, 순舜임금의 사람들

요임금은 효자 순舜을 발탁하고도 근 20년을 지켜보고 다시 8년의 섭정기간을 두었다. 순의 능력은 대단했다. 순이 있는 곳엔 1년 만에 작은 마을이 생기고 2년 뒤엔 고을이, 3년이 지나자 도시가 생겼다. 순이 농사를 지은 곳에서는 서로 밭 경계를 양보했고 어촌에 가면 서로 자리를 내어주는 풍속이 생겼다. 순이 그릇을 굽자 그곳에서 생산되는 그릇에는 불량품이 사라졌다. 순이 가는 곳마다 다툼이 없어졌기 때문이다. 효자의 덕성은 어느 곳에서나 발휘되었다.

왕위에 오른 다음 순은 숨어 있는 인재를 발굴했다. 좋은 정치를 위해서 "사대문四大門을 열어놓자, 온 세상의 눈과 귀가 분명하게 통하게 되었다[辟四門, 明通四方耳目]." 그러자 무엇이 근본이고 무엇이 말단인지, 무엇이 먼저이고 무엇이 나중인지 저절로 알게 되었다. 필요한 업무가 무엇인지 정해지고 누가 그 일의 적임자인지 판단할 수 있었다. 나라를 다스리는 데 필요한 행정 체계가 구비되기 시작한 것이다.

"물과 땅을 고르게 하라." 순임금은 우禹를 사공司空에 임명한다. "백성이 굶주린다."며 후직后稷에게는 농사 업무를, "백성이 화목해야 한다."며 설契에게는 문교 업무를 맡긴다. "무엇보다 신중해야 한다." 고요皐陶에게 형벌 행정을 맡기며 건넨 당부이다. 수垂는 기술 행정을 맡았고, 익益은 산림과 호수를 관리하고 백이伯夷는 의례를 주관한다. 기夔에게는 시와 음악을 담당시켜 뜻을 전하고 타인과 조화하는 마음을 알 수 있도록 하였고, 용龍에게는 만인과 소통할 수 있도록 납언納言의 직책을 부여하였다.

행정 체계를 갖추고 각부 장관을 임명한 다음으로는 자연스레 인사 고과가 실시되었다. 순임금은 3년마다 성과를 점검했고 세 차례의 평가를 거쳐 승진 여부를 결정했다. 역사 기록에는 순임금을 도와 황금시대를 연 관료가 모두 22명이었다고 적혀 있다. 이들 22명은 누구 하나 빠짐없이 자기 분야에서 특별한 공적을 세웠다고 하니, 인사人事가 만사萬事라는 믿음은 옛날이나 지금이나 다를 바 없는 듯하다. 순임금의 가장 탁월한 업적은 이 22명을 발탁하였다는 데 있겠다.

6. 요순 시절, '그들만의 태평성대'

요순 시절은 전설의 황금시대로 기억된다. 요와 순, 두 임금은 무엇이 백성을 위하는 일인지 고민했고 사리사욕은 전혀 없었다. 자기 자식에게 천하를 넘기지 않고 통치자의 자질을 갖춘 이를 발굴해 왕위를 선양禪讓한 것도 그 때문이었다. 요순 시절은 저 먼 옛날을 아름답게 되새기는 전설에 머물지 않고 실재했던 역사로까지 칭송되었다. 그런데 요순 시절을 달리 기억하는 또 다른 역사가 있다. 역사는 늘 단수가 아니라 복수로 존재하는 법이다.

요가 순에게 천하를 넘겨주기 전에 허유許由를 찾아 왕위를 넘기려고 했으나 허유가 거절했다 한다. 나날의 삶에 "천하는 아무런 소용이 없다는 것이 그 이유였다[予無所用天下爲]." 요임금은 다시 자주지부子州支父를 만나러 갔지만 역시 거절당한다. 자기 몸을 돌보느라 바빠서 "천하를 다스릴

여유가 없다[未暇治天下也]"는 것이었다. 요임금을 이은 순임금도 선권善卷과 석호石戶에게 선양하고자 하였다. 그러자, 하루하루의 일상과 천하가 무슨 상관이 있느냐면서 그 둘은 어디론가 사라져 버렸다.

요와 순에게 그 사람들은 자신보다 더 천하를 잘 다스릴 수 있는 능력자들이었다. 그래서 천하를 부탁한 것이다. 그렇지만 그들 모두 천하를 거절했다. 왜 그랬을까. 그들에게는 천하를 준다고 해도 바꾸지 않을 만큼 대단한 것이 있어서였을까. 그렇다면 그것은 무엇일까. 천하를 거절한 이들이 내세운 이유는 의외다. 그들은 먹고 자고 일하고 놀고 지내는 지극히 사적이고 개인적인 삶을 천하보다 앞세웠다. 너무 소박해서 볼품없고 너무 평범해서 심심하기조차 한 '이 내 삶'은, 천하와도 바꿀 수 없다는 것이다.

요순이었으니 천하를 다스리는 권력자의 쾌락으로 유혹하진 않았을 테다. 천하와 만민을 위해 당신의 능력을 발휘해 달라고 부탁했을 것이며, '이타利他'와 '헌신獻身'에 호소했을 것이다. 이러한 호소를 향해, 그들은 낯빛 하나 바꾸지 않고 반문했을 듯하다. "나의 행복은 나만이 알 뿐인데, 당신들은 남을 위하여 함께 헌신하자고 주장한다. 아름다운 말씀이기는 하나, 당신들이 말하는 그 이타와 헌신은 정작 누구를 위한 것인가. 타인의 행복을 책임질 수 있다는 마음

만큼 무섭고 오만한 마음이 있을까." 만약 황금시대가 가능하다면, 그것은 사람들 각자의 황금시대여야 한다는 뜻이다. 그러니 요순 시절은 요·순의 태평성대, '그들만'의 태평성대에 다름 아니라는 것이다.

7. 죄인의 아들 우禹, '치수治水'의 장도에 오르다

우禹는 순舜을 이어 왕위에 올라 하夏 왕조를 연 인물이다. 그 치적은 눈부시게 빛나지만, 그런 우에게도 평생을 따라다닌 멍에가 있었다. 우는 죄인의 아들이었다. 더군다나 자신에게 왕위를 물려준 순임금이, 우의 아버지 곤鯀에게 죄를 물어 처벌한 당사자였다. 우임금의 최고 치적이 홍수의 대범람을 막은 치수 사업에 있지만, 아버지 곤 또한 최고의 치수治水 전문가였다. 우의 치수 능력은 곤에게서 물려받은 것이었다.

곤의 능력은 요임금 시절부터 널리 알려져 있었다. 치수에 관한 한 따를 자가 없었다. 다만, "명을 어기고 종족을 해쳤다"는 이유로 요임금은 곤의 등용을 망설였다. 그럼에도 주위에서 곤을 중용해야 한다는 요청이 계속 되자, 결국 요임금은 곤에게 치수 사업을 맡겼다. 요임금은 9년 동안 치수 사업의 성공 소식을 기다렸지만 곤은 홍수를 막아내지 못했다. 요임금을 대신해 정사를 돌보던 순이 나서서 곤의 죄를 묻고는 추방시켜 죽게 만들었다. 사람들은 순의 결정이 옳았다고 지지했다.

홍수를 막는 치수 사업은 왕조의 숙원이었다. 실패한 곤의 뒤를 이어 치수 사업을 성공시킬 이가 절실했다. 순이 곤의 후임으로 임명한 사람이 바로 우였다. 우로서는 말할 수 없이 곤혹스런 자리였을 것이다. 자기 자신이 실패한 선임자의 아들이었을 뿐더러, 임명자가 아버지를 죽음에 이르게 한 순임금이었기 때문이다. 그 첫걸음부터 실패자의 후임이면서 동시에 죽음으로 내몰린 죄인의 아들이라는 시선을 벗어나긴 어려웠을 것이다.

치수의 장도에 오르며 그 성공을 다짐하는 우의 목소리는 이렇지 않았을까. "치수를 반드시 이루어야 한다. 나의 성공은, 뜻하지 않게 종족마저 해쳤고 치수 사업까지 실패한 아버지의 과오를 속죄하는 성취여야 한다. 동시에, 치수의 기술은 아버지를 그대로 따르되 그 방법만을 달리 하여 근본적으로는 아버지가 옳았음을 입증하는 길이어야 한다. 다스려야 할 물이 있는 곳이라면 천하 어디라도 찾아가겠다." 우의 대장정은 그렇게 시작되었다.

8. 우禹, 물을 다스리고 구주九州를 열다

물난리를 겪어 알듯이, 물이 한 번 범람하고 나면 범람 이전에 존재하던 모습은 깡그리 사라진다. 이런 물의 위력이 두렵고도 놀라운 탓에 수마水魔라는 말이 생겨났겠다. 수마는 인간이 애써 마련해 놓은 구획을 지우고 경계를 허물어 버린다. 그래서 치수治水 사업에 성공한 우임금의 또 다른 공적으로, 천하를 아홉 개 지역[九州]으로 정비한 업적을 칭송한 것은 자연스럽다. 치수가 이루어지면 땅 위의 모든 것들이 안정적으로 지속될 수 있기 때문이다.

다스려지기만 하면 물은 인간에게 큰 혜택을 마련해준다. 물길을 이용해 재화나 물품의 다량 이동이 가능해지고 지역 간 거리도 좁아진다. 우임금이 여러 물줄기를 연결하는 사업을 추진한 것도 그 때문이다. 물길을 열면서 지역 안팎을 이어주는 육로도 정비하고 물을 모아 두는 저수지도 건설한다. "구주九州의 땅을 개간하고, 구주九州의 길을 열고, 구주九州의 연못에 제방을 쌓고, 구주九州의 산들을 측량했다[開九州, 通九道, 陂九澤, 度九山]."

우임금은 그 첫걸음을 중원의 기주冀州에서부터 시작했다. 치수와 더불어 지리적 경계를 확정하였고 땅의 특징을 살피고 비옥한 정도를 등급 매겼다. 기주 다음은 산동 일대

의 연주兗州였다. 연주에서 우임금이 편 사업도 기주와 마찬
가지였다. 태산 가까이로 청주靑州와 서주徐州를, 그 남쪽 장
강 하류 지역에는 양주揚州를, 형산衡山 부근엔 형주刑州를 세
웠다. 황하와 장강 중간의 예주豫州, 그보다 더 서쪽 편 양주
梁州·옹주雍州도 어느 한 곳 빠트리지 않았다.

치수는 물만 다스린 것이 아니다. 물을 다스리려면 산과
숲, 들과 길 등 땅 위의 모든 것을 함께 다스려야 한다. 치수
사업이 곧 구주의 개척과 정비일 수밖에 없는 이유이다. 우
임금은 십삼 년 내내 치수의 길을 걸었다. 왼손에는 수준기
와 먹줄을 들었고, 오른손엔 그림쇠와 곱자를 잡았다. 뭍에
서는 수레를 탔고, 물에서는 배를 탔다. 진흙길은 썰매를
탔고, 산에서는 징 박은 신을 신었다. 치수의 길을 따라 우
임금은 천하의 모든 곳을 다녔고 그 모든 것을 직접 보았다.
자신이 다스려야 할 천하에 자신이 가보지 않은 곳은 없었
다. 이와 같이 하고 제왕이 된 이, 아마 동서고금을 막론하
고 우임금이 처음이자 마지막일 것이다.

9. 우禹, '세상의 모든 아침'을 맞다

순임금이 누구에게 왕위를 물려줄 것인지 결정하기 전의

일이다. 치수에 성공한 우禹와 형벌을 담당하고 있는 고요皐陶가 가장 유력한 왕위 계승자였다. 이 두 사람이 순임금 앞에서 올바른 정치와 통치자의 자격은 무엇인지에 대해 장엄한 토론을 펼쳤다.

먼저 고요가 '도덕道德'을 내세우며 왕의 덕성을 강조한다. 자신을 수양하고 멀리까지 내다보며 집안을 화목하게 하면, 인재들이 왕 주위로 모여들 것이라고 하였다. 올바른 통치의 핵심은 "사람을 알아보고, 백성을 편안하게 하는 데에 있다."는 것이었다. 우 또한 그것을 인정했다. "사람을 알아보려면 지혜로워야[智] 하고 백성을 편안하게 한다면 은혜로운[惠] 것이겠지요."

고요는 치자의 덕성을 거듭 강조하며 그 덕목을 구체적으로 제시하기 시작했다. '관대하면서도 엄격할 것', '부드러우면서도 주관이 분명할 것' 등 이른바 '구덕九德'으로 불리는 아홉 가지 항목이었다. 우는 고요의 의견을 듣고 높이 칭찬했다. 그러자 순임금이 우에게 물었다. "우, 당신에게서도 이런 말을 듣고 싶다."

잠시 망설이듯 우가 공손히 답한다. "제게는 올릴 만한 특별한 말씀이 없습니다. 그저, 날이면 날마다, 부지런히 또 부지런히 할 뿐입니다[予何言! 予思日孜孜]." 조금은 초라한 답변을 듣자 고요가 반문한다. "그대가 말하는 '부지런하다'

는 건 무슨 뜻이요?" 우가 답한다. "지난 13년 동안 치수 사업에 골몰하며 지내던 제 마음과 제 모습이 그러했습니다."

고요의 물음에 답하던 순간 우의 머리 속에 그려진 것은, 아마도 동쪽에서 떠오르던 아침 햇살이 아니었을까. 우는, 결혼한 지 나흘 만에 치수의 장도에 올랐고 집 앞을 지나면서도 들어가 보지 못하였다. 이렇게 하며 천하의 모든 곳을 다닌 우였으니, 우는 세상 모든 곳에서 떠오르는 아침 햇살을 맞이하였을 것이다. 세상의 '모든' 아침을 겪은 이가 바로 우였다.

고요의 아홉 가지 덕성 앞에다, 우는 자신의 이러한 '부지런'을 조심스레 내보였다. 결국 순임금은 우에게 천하를 물려주기로 결심했다. 왕위에 오른 다음에도 우의 '부지런'은 계속되었다. 왕이 된 지 10년 후, 우는 자신의 죽음마저도 길 위에서 맞는다. 저 남쪽 절강의 회계산에 묻혔다. 세상을 떠나는 마지막 순간에 우임금이 맞이한 것은, 자신이 보았던 '세상의 그 모든 아침'이 아니었을까.

10. 세습世襲의 시대, '피'가 '피'를 부르다

우禹임금은 처음에 덕의 사상가 고요皐陶에게 왕위를 물려주려 했으나 우임금보다 고요가 먼저 세상을 떠났다. 그래서 이번엔 고요의 아들인 익益을 내심 후계자로 선택했다. 익은 순임금 시절부터 산림과 천택川澤 관련 업무를 맡았고, 우를 따라 치수 사업을 도왔던 사람이었다. 그런데 익이 왕의 업무를 대행하기 시작한 지 얼마 지나지 않아 우임금이 세상을 떠났고, 우임금을 이어 왕위에 오른 이는 익이 아니었다. 우임금의 아들 계啓가 왕이 되었다. 선양禪讓의 관행은 끝났고 세습이 시작되었다.

세습은 원칙적으로 자식이 부모의 권한을 그대로 물려받는 것이다. '혈육'이라는 말처럼 자식은 부모의 피와 살을 받아 태어난 존재다. 부모와 자식 관계는 사사로운 그만큼이나 한편으로 확실한 관계이다. 세상을 살아가는 누구에게나 다 있는 관계라서, 보편적이기까지 하다. '피'는 사적이지만 확실하고 보편적이다. 덕 있는 이를 찾아 선양하는 제도는 분명 아름답다. 사사로운 관계가 아니라 온 천하의 공적 가치와 이익을 앞세우기 때문이다. 그러나 그런 만큼이나 불확실하고 예외적이다. 최고의 지위에 있으려면 최상의 덕성과 능력을 갖추어야 하지만, 그것을 판단할 수 있는 자는 언제나 극소수일 수밖에 없다.

계啓가 왕이 됨으로써 '피'의 세습이 시작되었다. '피'의 확실성이 전면화된 것이다. 계를 추대한 이들은 외쳤다. "우리 주군이셨던 우임금, 그 분의 아들이시다[吾君帝禹之子也]." 하지만 저항이 없을 수 없다. 선양의 공공성에 비추어 '피'는 공적公的이지 않기 때문이다. 그 정당성과 합법성에 의문을 제기하며 유호씨有扈氏가 반기를 들었다. 유호씨는 계의 배다른 형제라고도 하고 같은 집안 사람이라고도 한다. 그러므로 계가 '핏줄'임을 앞세워 왕위에 오른 것이라면, 그 '피'는 유호씨에게도 흐르는 것이 된다. 이처럼 사적인 관계에서 '피'는 확실하지만 그것이 공적인 영역에 적용될 때는 다른 불확실성을 낳는다. 왕위 다툼은 흔히 같은 핏줄 사이에서 발생하는 법이다.

계는 감甘이라는 곳에서 유호씨와 전투를 벌였고 승리를 거둔다. 출병에 앞서 계는 군사들에게 하늘을 대신하여 유호씨를 징벌하는 것이라면서 이렇게 외쳤다. "명령에 복종하는 자에게는 큰 상을 내릴 것이나, 명령에 복종하지 않는 자는 죽일 것이며 그 가족들은 노예로 삼을 것이다." 계의 아버지 우임금도 변방의 삼묘三苗족을 토벌하러 나서며 "하늘을 대신해서 삼묘족에게 벌을 내린다"고 외친 적이 있다. 그러나 계처럼 자기 군대와 백성을 향해 죽인다는 협박은 없었다. 선양이 끝나고 '피'의 세습이 시작되는 그 순간, 세습은 또 다른 '피'를 불렀다.

11. 태강太康, 사냥을 떠나서 돌아오지 않다

세습은 '핏줄'의 확실성에 기초한다. 그렇지만 그 확실성이 보장하는 안정감 못지않게 늘 불확실한 우연을 내포한다. 임금의 자리에 오르는 사람이 '누구'의 아들이라는 사실 이외에는 아무것도 확실하지 않기 때문이다. 세습을 통해 왕위에 오른 왕이, 통치자의 자질을 갖추었는지 아닌지는 사후적으로만 검증될 뿐이다.

태강왕은 아버지 계啓의 뒤를 이어 왕위를 세습하였다. 하나라의 세 번째 왕이다. 계의 아들이니 우임금의 손자다. 그런데 저 위대한 할아버지 우임금과는 달리 태강왕은 나라를 다스리는 일에 관심이 없었다. 늘 놀고 즐기는 데 골몰하더니, 낙수洛水 너머로 사냥을 나가서는 100일이 넘도록 돌아오지 않았다. 백성들의 원성이 높아지는 상황에서 유궁有窮의 군주 예羿가 길을 막아버린다.

이런 상황에 마음 아파하며 다섯 명의 동생이 형 태강왕을 원망하며 지었다는 노래, 〈오자지가五子之歌〉가 전한다.

할아버지 우임금의 유훈遺訓을 다시 되뇌며 왕의 도리가 무엇인지 노래한 내용이다. "백성을 가까이 할지언정, 낮추어 보아서는 안 된다. 백성은 나라의 근본이니, 근본이 튼튼해야 나라가 평안하다[民可近, 不可下. 民惟邦本, 本固邦寧]." 이런 마음가짐은 왕자王者의 기본이거니와, '여색·사냥·유흥·사치' 등에 탐닉하면 나라를 망하게 한다는 것도 이미 우임금의 가르침 속에 있지 않은가 탄식한다. 결국 태강왕은 돌아오지 못하고 폐위된다. 대신 동생이 왕위를 계승한다.

사냥 가서 돌아오지 않는 왕 태강은 세습의 위험성과 불안정성을 전형적으로 보여준다. 그런데 정작 태강 자신은 어떠했을까. 본인 스스로 오르기를 원한 왕위였을까. 혹시 맏아들이라는 이유만으로 왕위를 계승한 것은 아닐까. 사냥을 나가 돌아오지 못한 것이 아니라, 돌아오지 않으려고 사냥을 나간 것은 아닐까. 왕위에서 쫓겨난 그 다음 장면으로, 자유로이 말 달리며 사냥하는 '평민' 태강을 그려보는 것도 가능하지 않을까. 물론 이런 물음을 통해서 대면하는 것도 결국은 세습의 확실성 이면에 공존하는 통제가 힘든 우연과 불안정성이다.

12. 이윤伊尹, 재상이 된 요리사

하夏나라가 멸망을 향해 치닫던 때였다. 마지막 임금 걸桀은 포악무도하기 이를 데 없었다. 저 하늘의 태양이 사라지지 않은 한, 자신의 세상은 계속될 것이라는 호언도 서슴지 않았다. "저 태양은 언제 사라지려나. 내 차라리 너와 함께 죽으리라." 백성들은 하늘을 향해 울부짖었다. 세상을 바로잡을 영웅의 출현이 간절했다.

그런 시절에, 산동성 지역 유신씨有莘氏 집안에 혼사가 있었다. 유신씨의 딸이 박亳 땅 제후인 성탕成湯에게 시집가는 것이었다. 성탕의 영지를 향해 떠나는 신부의 일행 속에 이채로운 사람이 한 명 포함되어 있었다. 이윤伊尹이라는 이름의 요리사였다.

이윤의 신분은 아주 낮았다. 노예 출신이라는 말도 있고 출생 내력도 모호했다. 어린 시절 요리사 손에 맡겨진 탓에 주방에서 요리를 배우며 자랐다. 하지만 예사 요리사가 아니었다. 몸은 주방에서 요리하고 있었으나 마음은 천하를 향해 내달렸다. 공부하고 또 공부했다. 이윤은 오래 전부터 성탕을 만나보고 싶어 했다. 걸의 폭정을 끝내고 세상을 구할 만한 인물이라 믿어서였다. 유신씨 집안의 요리사였던 이윤에게 드디어 기회가 왔다. 그래서 유신씨 집안의 혼인 행렬에 자청하여 참여하였다.

어느 날 탕이 교외에 나갔다가, 들판에서 사면으로 그물을 치고 비는 말을 들었다. "천하 사방에서 모두 나의 그물로 들어오게 하소서." 탕은 세 방면의 그물을 치우고 기원했다. "좌로 가고자 하거든 좌로, 우로 가거든 우로 가게 하소서. 명을 듣지 않을 그때, 내 그물로 들어오게 하소서." 주변 제후들이 이 이야기를 듣자 탕의 덕이 금수에까지 미친다며 칭송하였다. 민심이 탕에게로 쏠렸다.

이윤은 성탕에게 최고의 맛을 담은 요리를 바쳤다. 성탕은 그 맛에 감탄하여 이윤을 찾았다. 요리로 시작된 첫 만남은 계속 이어졌다. 이윤의 입에서는 요리의 조리법만이 아니라, 도탄에 빠진 천하를 구하는 방책이 쏟아져 나왔다. 성탕의 곁에는 늘 이윤이 함께 했다. 이제 이윤은 더 이상 요리사가 아니라 다음 시대의 재상이 되어 있었다. 훗날 역사서에는 이를 두고, "이윤이 솥과 도마를 메고 가서, 맛있는 음식으로 탕에게 유세하여 왕도 정치를 실현시켰다[負鼎俎, 以滋味說湯, 致于王道]"라 기록하였다.

이윤이 요리하여 올린 그 음식은 도대체 어떤 맛일까. 천하를 떠올리게 하는 이윤의 레시피는 어떤 것일까. 이윤의 요리, 지금도 누군가에게 한 번 맛보는 기회가 생긴다면 과연 그 맛을 알아볼 수 있을까.

13. 태갑太甲, 3년간 반성문을 쓰다

조상祖上을 잘 둔 덕에 먹고 사는 이도 있겠지만 조상 그늘에서 벗어나고 싶어 안달인 사람도 있다. '누구'의 아들이라는 말에 뿌듯할 때도 있겠으나 '나는 나일뿐'이라고 외치고 싶은 경우도 있다. 탕湯임금의 손자 태갑太甲이 왕위에 오르던 그 순간에는 아마도 탕의 손자가 아닌 자기 자신으로 평가받고 싶었을 것이다. 탕이 제정한 규범을 준수하지 않았던 것도 그 때문인지 모를 일이다.

그렇지만 태갑의 앞에는 원로대신 이윤伊尹이 버티고 있었다. 이윤이 누군가. 맛있는 음식으로 할아버지 탕임금의 마음을 얻고는, '쿠데타'로 폭군 걸桀을 내쫓은 역성혁명의 일등공신이다. 태갑의 아버지 태정太丁이 요절하자 작은아버지 외병外丙을 옹립했고, 외병이 3년 만에 죽자 그 동생 중임中壬을 왕으로 추대한 장본인이다. 또 중임이 재위 4년 만에 세상을 뜨니 이번엔 탕의 손자요 태정의 아들인 태갑 자신을 왕으로 만든 권력자이기도 하다. 절대권력의 개국공신이며 킹메이커가 아닌가.

그래서 더 태갑은 자기로부터 시작되는 시대를 열고 싶었던 듯하다. 기존의 제도를 무시하거나 새로운 규칙을 제정하였다. 당연한 일이지만 이윤의 경고는 계속 되었고, 결국에는 왕 태갑을 탕임금의 무덤이 있는 동궁桐宮으로 보냈다. 신하가 임금을 유배 보낸 것이나 다름없었다. 왕이 없으니 제후들의 조회는 이윤이 대신했다. 참람하다면 참람함의 극치였다. 3년이 지나고 태갑은 백기를 들었다. 할아버지의 유훈遺訓을 준수하는 왕이 되겠다고 약속했다. 이윤은 태갑에게 권력을 돌려주고 물러났다.

태갑이 처음 왕위에 올랐을 때에도 이윤은 "선왕은 하늘의 밝은 명령을 돌보셨습니다"라 가르쳤고, 태갑이 반성하고 돌아왔을 때에도 "선왕은 곤궁한 이들을 자식처럼 사랑하셔서, 백성들은 선왕의 명에 복종하였습니다[先王子惠困窮, 民服厥命]"라 일깨웠다. 그러니, 이윤이 이런 말을 하든 저런 말을 하든, 심지어 말이 없는 침묵 속에서조차 태갑의 귀에는 '선왕께서는'이라는 말만 들리지 않았을까.

태갑이 크게 뉘우치고 돌아왔다지만 정말 혼연한 마음이 었는지는 여전히 의문이다. 그 의문은 지금까지도 유효하다. 도대체 어디까지가 '누구의 아들'인 '나'이고, 어디부터가 '나' 자신인 '나'일까. 어디까지가 물려받은 것이고 어디부터가 온전한 '나의 것'인가. 부모의 뜻을 따라야 할 곳은 어디까지이고, 나의 뜻이 시작되는 자리는 어디인가.

14. 침묵 속의 무정武丁, 꿈속에서 처음 입을 열다

재상이 된 요리사 이윤伊尹의 등장은 큰 변화의 시작이었다. 탕湯임금과 이윤의 만남은 왕의 의미를 근본적으로 바꾸어 놓았다. 제대로 된 왕이라면 그 곁엔 늘 누군가가 있어야 했다. 그리고 왕이 그 누군가를 얻어 곁에 두려면 사람을 알아보는 능력이 필요했다. 이윤이 탕임금을 찾아갔다는 이야기와는 정반대로, 탕임금이 다섯 번이나 이윤을 찾아가서 설득했다는 이야기가 전하는 것도 그 때문이다. 임금과 신하 어느 쪽이든 그런 만남이 간절한 만큼 사람을 알아보는 능력도 필요했다.

은나라가 어지럽고 국세가 기울던 시절에 무정武丁이 왕위에 올랐다. 무정은 나라를 다시 일으키고 싶었다. 그러기 위해서 자신과 '함께' 할 누군가가 필요했다. 탕임금처럼 무정에게도 '이윤'이 절실했다. 무정은 그런 만남을 간절하게 원했다. 나랏일은 다른 관료에게 맡기고 3년 동안 한 마디 말도 하지 않은 채 세상을 살펴보기만 했다. 임금의 말은 곧 정치의 시작인 법이니, 무정은 아직 자신의 정치를 펼때가 아니라 생각했기 때문이겠다. 그럼 무정의 입이 열리는 그때는 언제인가. 그 누군가를 만나는 순간이 그때이다.

말 한마디 없이 3년을 보내던 무정이 어느 날 꿈을 꾼다.

꿈속에서 무정은 성인과 같은 사람을 만난다. 자기 이름이 열說이라 했다. 꿈에서 깨어난 무정은 조정 관리들의 얼굴을 모조리 확인하러 다녔지만, 꿈에서 만난 얼굴은 없었다. 사람을 풀어 꿈에 본 사람을 찾도록 했다. 그러다가 죄를 짓고 부험傅險이란 곳에서 노역에 동원되던 사람 중에 열이라는 사람이 있다는 소식을 들었다. 무정이 그 사람을 만나보니, 과연 꿈속의 그분이었다. 부험이란 곳의 이름을 따서 부열이라 불렀다.

무정은 부열과 이야기를 나누기 시작했다. 3년간의 침묵 끝에 터져 나온 말이었다. 무정은 부열에게 탄복하였고 과연 성인이다 싶어 재상으로 등용했다. 무정이 꿈에서 부열을 처음 만나고 나서는 "꿈에 하늘이 내게 어진 보필을 내려주셨으니, 그 사람이 나의 말을 대신할 것이다[其代予言]"라고 했고, 부열을 재상에 임명하면서는 "그대의 마음에 물길을 내어, 내 마음에 그 물을 대어 달라[啓乃心, 沃朕心]"고 했다. 그대의 마음이 나의 마음이니 그대의 말이 곧 나의 말이라는 뜻이겠다.

15. 그렇게 애타게 기다리던 그 이름, 강태공姜太公

'탕湯과 이윤伊尹', '무정武丁과 부열傅說'은 서로를 알아본 군신君臣=지기知己이다. 이들 이후로 큰 성취를 이룬 왕의 곁에는 언제나 그림자 같은 지기들이 등장한다. 은나라 마지막 왕인 폭군 주紂를 처단하고 주周를 세운 무왕武王에게도 그런 존재가 없을 수 없으니, 강태공이 그 사람이다. 구부러진 낚시 바늘을 곧게 편 채 낚시질을 하면서 주군을 기다렸다는 일화의 주인공이다. 강태공은 고기가 아니라 세월을 낚고 있었던 것이라 한다.

출생 내력조차 모호한 요리사 이윤, 죄수로서 노예 신세였던 부열처럼, 강태공도 지체는 낮고 빈궁했다. 중원과 멀리 떨어진 동쪽 바닷가에서 태어났고 오랑캐 출신이라 한다. 백정 노릇도 했고 시장 바닥의 장사치로 살았다고도 한다. 더군다나 문왕에게 처음 발탁되었을 때 나이 이미 일흔이었다 하니, 강태공의 등장은 이윤이나 부열보다 더 극적으로 느껴진다.

훗날의 문왕인 서백西伯 창昌이 위수渭水로 사냥을 나가며 점을 쳤다. 사냥 나가서 얻게 될 것을 알려주는 점괘가 나왔다. "용도 아니고 이무기도 아니다. 호랑이도 아니며 곰도 아니다. 천하를 얻도록 보좌할 신하이다[所獲, 非龍非彲, 非虎

非羆. 所獲, 霸王之輔]." 서백 창이 위수로 나가보니 정말 낚시하며 창을 기다리는 강태공이 있었다.

강태공을 불러 대화를 나눈 다음 창은 감격한다. 자기 할아버지 시절부터 듣던 말이 떠올랐다. "성인이 우리 주나라에 나타나는 때가 되면, 그로부터 주나라는 크게 일어날 것이다." 할아버지 태공太公 때부터 그렇게 간절히 바라고 바라던[望] 분이라 해서, 태공망太公望이라 부르게 된다. 창이 죽고 그 아들 발發이 왕위에 오른다. 이 사람이 주나라의 무왕이다. 태공망의 보필을 받아 무왕은 은나라를 무너뜨리고 결국 천하를 얻는다.

"천리마를 알아보는 이가 없을 뿐이지, 천리마는 늘 존재한다." 당나라 한유韓愈의 말이다. 그럴 것이다. 세상에 '강태공'은 언제나 있지만 다만 '서백 창'이 없는 것이 문제가 아닐까. 언제나 있는 '강태공'을 만나고 싶으면, 노예나 백정들이 사는 저 낮은 저자 거리를 찾아가 보라. '강태공'은 늘 있고 꼭 있다. 오늘도 낚시하러 나서는 '강태공'을 얻으려면, 높은 곳에 계신 분이 낮은 데로 내려와야 한다. 그런 간절함만 있다면 '강태공'은 늘 만나고 꼭 얻는다.

16. 주紂임금과 달기妲己, 쾌락의 향연 그 너머

역사에는 영웅적 군주와 위대한 재상의 만남이 아름답게 그려지곤 한다. 천하를 얻으려면 먼저 '사람'을 얻어야 한다는 뜻이다. 이런 만남은 천하를 얻게 되는 만남이라 위대하고 아름답지만, 그 맞은편으로 천하를 잃게 되는 만남도 존재한다. 아름답다 하기는 어려워도 때론 극적이고 기이한 만남이다. 무왕과 강태공이 한편에 있다면, 폭군 주와 총비寵妃 달기가 반대편에 함께 선다.

폭군 주는 보통 사람이 아니었다. 타고난 자질이 남달랐다. 힘은 장사였고 맨손으로 맹수와 맞설 만큼 용감무쌍했다. 총명하기 그지없었고, 언변도 탁월했다. "그 지혜는 신하의 간언을 물리치고도 남았고, 그 언변은 자신의 과오를 감추기에 충분했다[知足以距諫, 言足以飾非]." 신하들은 하나같이 무능해 보였고 자신의 능력은 하늘만큼 높다고 믿었다. '세상에서 가장 뛰어난 존재'에게 세상사 모두가 비웃음과 조롱거리로 보였을 것이다.

주임금과 달기의 향락은 이런 상황에서 펼쳐진다. 이제 주임금은 폭군 주로 치달으며 그 모든 무료함을 넘어서게 하는 자극을 찾아 나선다. 음주가무飲酒歌舞는 쾌락의 기본이고, 기이한 동물들은 물론 진귀한 보물들을 마구 모아 들인다. 더 강한 자극을 찾아 다녀서일까. 특이한 것, 드문 것들이 넘쳐났다. 연못에다 술을 채워 마시고 숲에다가 고기를 매달았다는 '주지육림酒池肉林'도 만들었다. '포락의 형벌炮烙之刑'도 새로 제정하였다. 아래에서 불을 지피면 쇠가 벌겋게 달구어진다. 그런 쇠기둥에 기름칠을 하고 죄수로 하여금 그 위를 맨발로 걷도록 한다. 주임금과 달기는 나란히 앉아 그 광경을 지켜본다.

주임금에게도 충신은 있었다. 백성들이 은나라의 멸망을 바라며, 천명天命을 바꾸어 달라고 기원한다고 조이祖伊가 간언했다. 주임금은 답했다. "내가 태어났다는 것 또한 천명이 아닌가!" 결국 '천명은 나에게 있다'며 또 다른 천명을 앞세운 무왕의 군대가 들이닥쳤다. 주임금은 온갖 보물을 쌓아둔 녹대鹿臺 안으로 달아나선 그곳을 불태워 타 죽는다. 모든 쾌락을 스스로 소멸하는 것을 자신의 마지막 쾌락으로 여겼는지, 그것은 모를 일이다.

17. 무왕武王의 주周나라, 하나이면서 여럿인 갈림길의 시작

사마천이 남긴 불멸의 역사책 『사기史記』는 그 체재와 구성이 묘하다. 하夏·은殷·주周 세 나라 제왕들의 사적을 '본기本紀'라는 이름으로 담아가다가, 주周에 이르면 그 체제가 크게 변한다. '본기'라는 큰 줄기 옆으로 '세가世家'와 '열전列傳'이라는 두 갈래 갈림길이 열린다. '세가'는 제왕에게 영토를 하사받은 제후들 집안의 이야기이고 '열전'은 주로 제후보다 신분이 낮은 사람들의 전기傳記이다.

주나라 건국 공신 강태공의 봉국封國을 다룬 「제나라 태공齊太公 세가」, 무왕의 동생으로 주나라의 기틀을 닦은 주공周公의 봉국 노魯의 사적인 「노나라 주공魯周公세가」, 역시 무왕의 아우인 소공召公을 시조로 하는 「연나라 소공燕召公 세가」 등 '세가'는 모두 30편으로 이루어져 있다. 여기에 이어 모두 69편의 '열전'이 서술된다. 물론 '본기'도 주나라에서 그치지 않고 진秦·한漢으로 계속 이어진다.

'본기'·'세가'·'열전'은 주나라의 본기가 시작되는 동시에 펼쳐지는 세 개의 큰 갈림길이지만, 평행선 마냥 만나지 않고 각기 내닫는 길은 아니다. 군데군데 다시 만난다. 그러다가 또 갈라지고 불현듯 다시 만나곤 한다. 그 세 길이 연극 무대라면 동일한 등장인물이 세 곳에 함께 출연하는 경우도 많고, 동일 ㄴ인물이 같은 상황 속에서 다른 연기를 펼치거나 대사를 달리 하는 장면도 적지 않다. 이런 다층적이고 다면적 특성으로 인해, 예로부터 많은 사람들이 『사기』에 탄복해 왔다.

　더 놀라운 것은 그 세 갈림길이 시작되는 장면이다. '열전'의 처음인 「백이·숙제伯夷叔齊」는 무왕의 역성혁명에 목숨을 걸고 반대한 인물 이야기이다. '세가'의 처음은 「오나라 태백吳太伯 세가」인데, 태백은 자기 동생인 계력季歷에게 왕위를 양보한 인물이다. 계력은 바로 무왕의 할아버지이니, 결국 무왕의 주나라와는 기원을 달리 하는 또 다른 주나라가 있다는 뜻일 수 있다.

　'세가'의 처음인 오나라의 태백, '열전'의 처음인 백이로부터 그 갈림길을 시작한 사마천의 마음은 무엇이었을까. 역사는 하나의 길인 듯 보이지만 실은 여럿인 길들이 함께 어우러진 것으로 믿었던 것일까. 혹은 '지금, 현재'란 헤아릴 수 없는 수많은 길들의 만남과 갈라짐을 거쳐 이른 것임을 잊지 말라는 뜻일까.

규장각 설립의 역사
: 『규장각지奎章閣志』

우경섭

서울대학교 국사학과를 졸업하고 동대학교에서 문학 석사와 박사학위를 취득하였으며,
현재 인하대학교 한국학연구소에서 HK교수로 재직 중이다.
주요 저서로는 『조선중화주의의 성립과 동아시아』(유니스토리, 2013), 『동아시아한국학의
형성-근대성과 식민성의 착종』(소명출판, 2013), 『연변조선족의 역사와 현실』(소명출판,
2013) 등이 있다.

규장각 설립의 역사

: 『규장각지(奎章閣志)』

1. 규장각과 『규장각지』

규장각은 본래 역대 임금들의 어제御製와 어서御書를 보관하기 위해 세워진 기구였다. 세조 대 양성지梁誠之가 중국 송나라의 관각館閣 제도에 따라 선왕들이 남긴 문장과 글씨의 봉안 장소로서 규장각의 설립을 처음 건의한 것이 그 시초라 할 수 있다. 그러나 이후 실행에 옮겨지지 못하다가, 숙종 때에 이르러 종정시宗正寺에 건물을 새로 짓고 '규장각'이라 쓴 임금의 친필 편액을 걸고부터 어제존각지소御製尊閣之所로서 면모를 갖추게 되었다.

작은 건물에 지나지 않던 규장각을 본격적인 정치·학술 기관으로 '창설'한 사람은 정조였다. 정조가 즉위한 지 6개월 만인 1776년 9월에 새로운 규모로 탄생한 규장각은 국왕의 친위세력 육성이라는 정치적 목적과 아울러, 변화하는 시대의 흐름에 조응하여 학문적 역량을 키우려는 목적 아래 강력한 정치·학술 기관으로 새롭게 탄생했던 것이다. 즉위 초반 경주 김씨를 비롯한 외척 및 그와 결탁한 환시의 위협 속에 고립무원의 상황에 처했던 정조는 척신·환관의 세력을 제거하여 권신의 발호를 막고 새로운 정치기풍을 진작시킬 필요를 절감하고 있었다. 그리고 쓰러져가던 사대부의 명절名節과 문학文學을 다시 일으켜야만 했으니, 규장각의 창설에는 정조의 이러한 의도가 담겨 있었다.

정조는 즉위 직후부터 규장각에 각별한 관심을 보이며 홍문관 등 기존의 청요직淸要職에 못지않은 권한을 부여함으로써 당대의 정치와 사상을 선도하는 강력한 기능을 지닌 기관으로 육성하고자 하였다. 정조의 이러한 계획 아래, 규장각은 1779년(정조 3) 9월 홍국영洪國榮 축출 이후 본격적인 학술기관으로서 기능을 구비하기 시작하였고, 1781년(정조 5) 2월에 이르러 초계문신제抄啓文臣制를 비롯한 각종 법규를 완비하게 되었다. 그 결과 규장각은 정치적으로 정조의 탕평정치를 뒷받침하는 근시기구로서 자리 잡게 되었고, 사상적으로는 조선왕조의 문풍을 주도하는 핵심 관서로 부상할 수 있었다.

이러한 과정에 수반된 규장각의 직제와 기능 변화를 정리하고 법제화하기 위한 목적에서 편찬된 것이 바로 『규장각지』였다. 그러므로 『규장각지』는 정조 초반 규장각의 설치와 운영의 실상을 살펴보는 데 가장 기본이 되는 자료라할 수 있다.

2. 『규장각지』의 편찬 과정

현재 서울대학교 규장각한국학연구원에는 3종의 규장각지가 전해진다. 편찬된 순서에 따라 초초본初草本, 재초본再草本, 완성본完成本이라 칭해지는 이들 3종 가운데, 초초본과 재초본은 각 1부 그리고 완성본은 6부 등 도합 8부가 규장각 서고에 소장되어 있다.

필사본인 초초본과 재초본은 말 그대로 완성되기까지의 과정 중에 임시로 편찬되었던 초본草本이다. 규장각의 업무일지라 할 수 있는 『내각일력內閣日曆』을 살펴보면, 규장각 설립 직후부터 정조의 독려 아래 여러 차례에 걸쳐 『규장각지』의 초본이 만들어지며 지속적인 수정 작업을 거쳤던 정황을 알 수 있는데, 그 가운데 2종의 초본만이 남아 지금까지 전해지는 것으로 보인다. 그리고 1784년(정조 8)에 이르러 정유자丁酉字로 간인된 완성본이 나오게 되면서 정조 즉위 직후 시작된『규장각지』의 편찬 작업이 끝을 맺게 되었다.

이처럼『규장각지』의 완성에 적지 않은 시간이 소요된 이유는 규장각의 법식과 규정이 정조 8년에 이르기까지 계속 변화했기 때문이다. 그러므로 초초본과 재초본은 비록 임시적인 초본에 불과하지만 완성본이 간행되기까지의 변화 과정을 내용으로 담고 있기에, 초기 규장각 제도의 확립 과정을 이해하는데 없어서는 안 될 소중한 자료이다. 또한 되풀이되는 보완 작업 가운데 삭제되어 결국 완성본의 편찬 이후 공식 기록에서 찾아볼 수 없게 된 내용들이 다수 수록되어 있다는 점 또한 흥미롭다.

현재 초초본과 재초본의 표지에는 후대에 기록된 것으로 보이는 '초초初草'(奎1400) '재초再草'(奎734)라는 제목이 적혀 있다. 그런데 선학들의 연구들을 통해 초초본과 재초본의 표제가 뒤바뀌었다는 사실이 일찍부터 지적되어 왔다. 즉 표제와는 반대로 〈규734〉본이 초초본이고 〈규1400〉본이 재초본이라는 것이다. 그 근거로는 첫째, 1781년(정조 5) 2월에 확정된「문신강제절목文臣講製節目」에 근거하여 초계문신제抄啓文臣制의 구체적 시행 방안을 설명한 내용이 〈규734〉본에는 보이지 않는 반면 〈규1400〉본에는「배양培養」항목 아래 나타난다는 점, 둘째, 기사의 하한선이 〈규734〉본의 경우 1779년(정조 3)인 것에 비해 〈규1400〉본은 1782년(정조 6)이라는 점 등이 제시되었다. 여기에 더하여 아래와 같은 몇 가지 사실을 감안하면, 〈규 734〉본이 초초본이고 〈규 1400〉본이 재초본이라는 사실은 분명하다.

〈사진 1〉『규장각지』 초초본과 재초본(규1400): 영인본 167쪽 및 315쪽 사진*

첫째, 『규장각지』 3종을 비교하면, 본문의 전체적인 내용을 ①권수卷首, ②연혁沿革, ③직제職制, ④서적書籍, ⑤원규院規, ⑥발문跋文 등 크게 여섯 부분으로 나누어 볼 수 있다.

---

* 표제와 달리 〈규734〉본이 초초본이며, 〈규1400〉본이 재초본이다.

이는 3종의 『규장각지』가 동일한 체재를 유지하는 가운데 순차적으로 편찬·보완되었던 과정을 보여준다. 그런데 서·발문 등을 통해 정조 8년에 편찬되었음이 확인되는 완성본을 기준으로 검토하면, 〈규1400〉본이 〈규734〉본보다 훨씬 잘 정리된 체재를 구비하고 있음을 파악할 수 있다. 체재상의 이 같은 사실은 〈규1400〉본이 〈규734〉본보다 후대에 편찬되었음을 의미한다.

둘째, 정조 초반 국정을 주도하다 1779년에 축출된 홍국영洪國榮의 이름이 〈규734〉본에는 자주 등장하지만, 〈규1400〉본에서는 관련 기록이 모두 삭제되어 한 차례도 찾아볼 수 없다. 이를 통해 〈규734〉본이 1779년 이전에 편찬되었고 〈규1400〉본은 그 이후에 편찬되었던 정황을 짐작할 수 있다.

셋째, 〈규1400〉본의 본문 중에는 주묵朱墨으로 수정하고 첩지貼紙를 붙인 부분이 상당수 발견되는데, 이처럼 교정된 내용은 완성본의 본문에 거의 그대로 반영되었다. 즉 〈규1400〉본은 완성본으로부터 그리 멀지 않은 시기에 편찬되었을 텐데, 필자가 확인한 본문 기사의 하한선이 계묘년(1783년) 여름인 것으로 보아 대략 1783년(정조 7) 여름 이후에 만들어진 것으로 추정할 수 있다.

넷째, 『내각일력』에 따르면 1783년 8월 20일 직제학 정지

검鄭志儉이『규장각지』초본을 올리자 정조가 처음으로 '계년록系年錄'의 편찬을 언급하며『규장각지』가운데 관련 조항을 보충하라 명하였다고 한다. 이에 따라 이틀 뒤인 8월 22일 정지검이 보완된『규장각지』초본을 다시 올리니 정조가 크게 만족하였는데, 이때 정조가 보았던『규장각지』초본이 바로 〈규1400〉본이었던 것으로 짐작된다. 왜냐하면 〈규1400〉본의 본문 가운데 '계년록' 관련 조항을 확인할 수 있기 때문이다. 따라서 〈규1400〉본의 편찬 시기는 1783년 8월임이 분명하다.

곧이어 1783년 11월에는 〈규1400〉본을 저본으로 삼은『규장각지』가 완성되어 12월부터 인쇄를 시작하려 했지만 이듬해인 정조 8년 2월까지도 완료되지 못하였다고 한다. 그 이유는 크게 두 가지로 추정되는데, 첫째는 '계년록'과 관련된 문제가 아니었을까 생각된다.『규장각지』완성본의 내용을 살펴보면 정조 7년 이후의 변화가 반영된 부분으로는 '계년록'의 명칭이 '일성록日省錄'으로 바뀐 것, 그리고 정사正史에 기록되지 않은 정조의 언설을 모아 엮은『일득록日得錄』의 편찬 규례가 마련된 것이 주목되는데, 이러한 변화를 반영하기 위하여 기존 〈규1400〉본에 토대한 완성본의 간행이 실행되지 못하고 한 차례 더 보완작업이 이루어지지 않았을까 짐작된다.

둘째는 다른 관서지官署志들, 특히 『홍문관지』와 관련된 이유라 생각된다. 정조가 규장각의 법규를 새롭게 만들어 가면서 법제적 모델로 삼은 것은 그동안 조선왕조의 문한文翰 기능을 총괄해 온 홍문관이었다. 그 결과 정조 5년 무렵 규장각은 홍문관을 대신하여 기존 관각들의 대부분 기능을 아우르면서 새로운 시대의 문치文治를 주도하는 기관으로 확립될 수 있었다. 즉 홍문관을 비롯한 여러 관각들의 기능이 규장각으로 일원화되면서 정치제도 전반에 걸친 커다란 변동이 일어나게 되었으니, 정조는 이러한 변화의 경과를 정리하기 위한 방편으로 규장각과 홍문관 등 관각들의 기능과 법제를 새롭게 규정한 서적 즉 '관서지'의 편찬을 명하였던 것이다. 이러한 정황은 정조가 『규장각지』와 더불어 『홍문관지』 및 『태학지』를 '3지三志'라 일컬으며 함께 간인하도록 했던 사실에서도 확인할 수 있는데, 이에 따라 3종의 관서지가 통일적인 체재를 갖추어야 할 필요에 기인하여 『규장각지』 완성본의 간인이 잠시 미루어졌던 것으로 보인다.

결국 『규장각지』 완성본의 편찬은 1784년 4월 무렵 종료되었다. 그리고 5월 초부터 교정 작업이 진행되어 6월 1일에 간인에 들어가 6월 12일에 이르러 정조에게 올려졌다. 정조는 교정과 간행에 참여한 신하들에게 상을 내린 뒤 사고史庫를 비롯한 각처에 이를 반사함으로써, 즉위 초부터 심혈을 기울여 추진하였던 『규장각지』 편찬 작업을 마무리하였다.

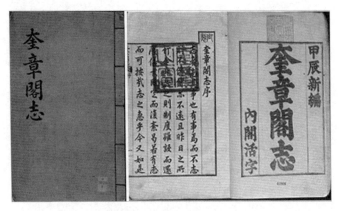

〈사진 2〉『규장각지』 완성본: 영인본 1, 2, 4쪽 사진*

3. 『규장각지』에 담긴 정조의 의중

정조는 즉위 초부터 규장각을 기반으로 삼아 자신의 개혁정치를 뒷받침할 친위세력의 육성에 각별한 노력을 기울

---

* 『규장각지』 완성본은 1784년(정조 8) 6월 丁酉字로 간행되어 정족산 사고를 비롯한 각처에 나뉘어 보관되었다.

였다. 초계문신제 등을 통하여 새로운 정치세력을 등용하고, 이들이 장악한 규장각으로 하여금 홍문관 및 승정원·종부시·사헌부·사간원 등의 기능을 겸하게 함으로써 왕조의 정치와 사상을 선도하는 강력한 기구를 창설하고자 하였다. 정조의 이러한 움직임은 일부 신하들로부터 "규장각은 나라의 공적인 기구가 아닌 전하의 사각私閣이며, 각신들은 전하의 사사로운 신하이지 조정의 공적인 신하가 아닙니다"라는 비판을 받기도 하였다.

정조가 즉위 초의 여러 어려움에도 불구하고 규장각 설립을 밀어붙였던 근본적인 의도는 『규장각지』 권두에 실려 있는 「어제규장각지서御製奎章閣志序」에 잘 나타나 있다. 그런데 현재 전해지는 정조의 『규장각지』 서문은 모두 2편으로, 초초본 및 재초본에 공통적으로 수록된 글과 완성본에 수록된 글이 전혀 다르다.

우선 정조는 초초본과 재초본의 서문을 통해, 관서지 편찬의 두 가지 상이한 방식을 규정하였다. '적蹟'을 갖추어 고금古今을 통괄하는 것과 '사事'를 정리하여 명실名實을 종합하는 것인데, 정조는 두 가지 방식 중 명실의 정리가 근본이며 고금의 서술이 부차적임을 강조하였다. 이는 각신들이 과거의 사실을 정리하는데 몰두한 나머지 규장각 설립의 근본 목적을 망각하고 있음을 지적하는 말이었다.

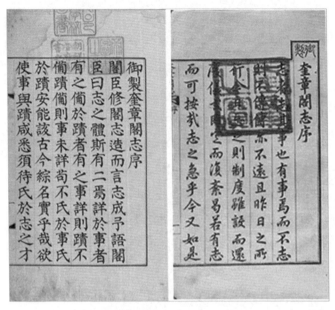

〈사진 3〉 정조의 「어제규장각지서(御製奎章閣志序)」: 영인본 169쪽 및 5쪽의 사진*

　사실 초초본을 일람해 보면, 규장각의 연혁과 건물에 대한 설명이 대단히 상세한 반면 업무와 기능을 규정한 부분은 소략할 뿐 아니라 체계적이지 못하다는 느낌이 든다. 이같은 내용상의 특징은 설립 초기라는 시대 상황을 반영한

---

　* 정조가 지은『규장각지』서문은 초초본·재초본에 공통적으로 실린 글과 완성본에 실린 글 등 모두 2편이 전해진다. 정조는 이 서문들을 통해 규장각 설립이 단순한 제도 개혁의 차원이 아니라, 조선왕조의 근본 바탕을 변화시키려는 노력의 일환임을 밝히고 있다.

것으로 보이는데, 정조 즉위 이후 초초본이 편찬되기까지 3년의 기간은 규장각의 외형적 기반을 마련하는 시기였다는 점에서 당연히 제도의 확립에 초점을 맞추고 설립 경위 및 부속 건물에 대한 설명을 위주로 서술될 수밖에 없었을 것이다. 또한 1781년(정조 5) 봄에 일단락된 제도정비의 성과를 주요 내용으로 담고 있는 재초본의 경우도 각신들에 대한 예우를 비롯한 원규의 정리에 주안점을 두다 보니 정조가 의도하던 명실의 문제를 종합하는데 이르지는 못했던 듯하다. 이에 정조는 관서지 편찬의 궁극적인 목적은 결국 의리를 밝히는 데 귀결되어야 함을 강조하며 여러 차례의 개수를 명하였던 것이다.

규장각의 설립과 『규장각지』 편찬의 목적이 단순히 고금 사적의 정리에 있는 것이 아니라 한 시대를 이끌어갈 세도世道의 확립에 있다는 정조의 이념은 1784년 5월에 지은 완성본의 서문에서 더욱 분명하게 드러난다. 정조는 우선 관서지의 기본 성격이 '사事'를 기록하는 것이라 말하고, 규장각 설립 직후부터 『규장각지』의 편찬을 명했지만 여태껏 완성하지 못한 까닭은 무엇보다 그간 제도의 정비가 완료되지 못했기 때문이라 진단하였다. 그러나 이제 대강의 제도가 확립되어 『규장각지』를 완성함에 이르러서는 오히려 두려움이 앞서는 심경을 토로하였다. 그것은 바로 공자가 말한 바 내실質을 갖추기보다 외양文만 꾸미려는 세태, 즉 '사史'에 대한 두려움이었다.

그저 고금의 사적만을 기록할 뿐 이념적 근본이 없는 상태를 '사史'로 규정한 정조는 근본을 먼저 확립한 뒤에야 제도 개혁의 성과가 의미를 지닐 것이지, 겉모습만 꾸미려 한다면 새로운 제도의 신설은 단지 번잡하고 거짓된 일일 뿐이라 누누이 강조하였다. 이는 규장각의 법제가 갖추어짐으로써 외양이 완비되었지만, 이제부터 내실을 갖추는데 힘써야 할 것임을 역설하며 신하들을 다잡으려는 말이었다. 동시에 자신의 우문일념과 탕평정치를 실현할 새로운 기구로서 규장각의 운영 방향을 밝히려는 의도이기도 하였다. 요컨대, 『규장각지』 완성본의 서문을 통해 정조는 즉위 이후 지난 8년간 추진해 온 규장각의 설립과 제도정비 과정의 한계를 반성하며, 규장각이 조선왕조의 정치와 사상을 선도해 나가는 명실상부한 핵심 기관으로 운영될 것임을 선포하였던 것이다.

■ 사료 : 『규장각지』 완성본 서문

지(志)란 일을 기록하는 것이다. 일이 있는데 기록하지 않으면 전해지지 못하고, 혹 전해지더라도 오래가지 못할 것이다. 어제 한 일을 오늘 잊는다면, 제도를 만들어도 다시 없어지고 의식을 정하여도 다시 문란해질 것이니, 어찌 참조할 만한 기록이 있음만 하겠는가? 오늘날 기록의 시급함이 이와 같기에 예악(禮樂)에도 지(志)가 있고 산천(山川)에도 지(志)가 있고 관서 및 군현에도 지(志)가 없는 곳이 없으니, 모두 오늘의 참고로 삼고 영원히 전하기 위함이다.

내가 즉위 초에 규장각을 세우고 곧이어 각신들에게 『규장각지』를 편찬하도록 명하였다. 그런데 5~6년이 지나도록 완성하지 못한 까닭은 천천히 편찬한 것뿐 만 아니라 제도와 의식이 갖추어지지 못했기 때문이었다. 이제 제도와 의식이 대강 확립되어 완성을 재촉하니, 2권 8항목의 체재로 이루어졌다. 설치의 시말과 관직의 순서, 모훈(謨訓)을 봉안하고 어진(御眞)을 안치하는 일, 책을 편찬하고 글을 짓는 규정 등에 관한 크고 작은 조목이 갖추어지고 세세한 절차가 자세하니, 참고로 삼을 만하고 후대에 전할 만하였다. 그리하여 서둘러 인쇄에 부치도록 명했으니, 혹시 미비함이 있더라도 추가하고 보충하면 안 될 것이 있겠는가?

아! 내가 이제 삼가 두려운 것이 있다. 근거할 문헌이 없음은 성인도 안타깝게 여겼지만, 오직 겉모습(文)이 본바탕(質)을 앞서는 것을 사(史)라 말하지 않았던가? 사(史)라는 것은 한갓 그 일만을 알 뿐 근본을 갖추지 못한 것이다. 군자는 충신(忠信)을 중심으로 삼고 절제된 행실을 닦아 먼저 그 바탕을 세운 연후에 예악으로써 겉모습을 꾸민다. 그러므로 겉모습이 번잡해도 싫증나지 않고 화려해도 거짓이 없게 되니, 그 용모와 마음이 볼만하고 덕행의 아름다움이 본받을 만하다. 군자가 움직이면 법도가 되고 시간이 지날수록 더욱 빛나는 이유는 바로 이러한 이치이다.

지금 이 『규장각지』에 수록된 제도나 의식은 겉모습(文)에 속한 일이다. 모든 각신들은 마땅히 그 내용을 삼가 준행해야 하겠지만, 그 본바탕이 사(史)인지 군자(君子)인지 살펴봐야 할 것이다. 스스로 법도가 되기에 부족하면서 이 『규장각지』만 믿고 오랜 기간 멀리까지 전해질 것을 도모한다면 그 또한 잘못이 아니겠는가?

각신들은 내가 아침저녁으로 대하는 자들이라 이러한 말을 나눈 지 이미 오래되었다. 그러나 『규장각지』가 완성됨에 사(史)가 더욱 두려워지기에 거듭 당부하며, 이 책을 펴면 경계하는 마음이 생기도록할 뿐이다.

참고문헌

정옥자, 『정조의 문예사상과 규장각』, 효형출판, 2001.

한영우, 『규장각 – 문화정치의 산실』, 지식산업사, 2008.

김문식, 『규장각 – 그 역사와 문화의 재발견』, 서울대학교출판문화원, 2009.

우경섭, 「英·正祖代 弘文館 기능의 변화」, 『韓國史論』 39, 1998.

인문학시민강좌 08

동아시아 고전 산책

ⓒ 인하대학교 한국학연구소, 2017 Printed in Incheon, Korea

1판 1쇄 인쇄 ‖ 2017년 8월 20일
1판 1쇄 발행 ‖ 2017년 8월 30일

엮은이_인하대학교 한국학연구소
펴낸이_홍정표

기 획_인하대학교 한국학연구소
　　　　주소_22212) 인천광역시 남구 인하로 100
　　　　전화_032) 860-8475
　　　　홈페이지_http://www.inhakoreanology.kr

펴낸곳_글로벌콘텐츠
　　　　등록_제25100-2008-24호
　　　　이메일_edit@gcbook.co.kr

공급처_(주)글로벌콘텐츠출판그룹
　　　　편집디자인_김미미 기획마케팅_노경민 이종훈
　　　　주소_서울특별시 강동구 천중로 196 정일빌딩 401호
　　　　전화_02) 488-3280 팩스_02) 488-3281
　　　　홈페이지_http://www.gcbook.co.kr

값 12,000원
ISBN 979-11-5852-161-5 04300
　　　 978-89-93908-12-1 (set)